L b $^{48}_{1249}$

MÉMOIRE

DU PARLEMENT DE PARIS;

TOUCHANT

L'ORIGINE DES DUCS ET PAIRS.

DE L'IMPRIMERIE DE DENUGON.

MÉMOIRE
DU PARLEMENT DE PARIS,
TOUCHANT
L'ORIGINE DES DUCS ET PAIRS,
1720.

DISCOURS
CHRÉTIEN ET POLITIQUE
DE LA PUISSANCE DES ROIS, vers 1649.

L'INTÉRÊT
DES PROVINCES (DÉPARTEMENS), 1649.

L'ÉTENDART
DE LA LIBERTÉ PUBLIQUE (1649).

Précédés

DU PASSÉ, DU PRÉSENT ET DE L'AVENIR,
PAR RAPPORT AUX CIRCONSTANCES ACTUELLES.

PAR J. LAVAUD.

PARIS,
Au Naufragé de la Méduse,
CORBARD, libraire, Palais-Royal, galerie de Bois, n° 258.
1819.

La promptitude avec laquelle s'est imprimée cette brochure, qu'on paraît attendre avec impatience, n'a pas pu permettre d'imprimer ce que j'aurais pu dire encore sur le passé et les circonstances actuelles, et ce qui me paraît le plus essentiel, les raisonnemens par lesquels j'aurais démontré la nécessité de dissoudre la Chambre après le rejet de la proposition du 3 mars, et par des motifs contraires à cette proposition qui contrariait le droit des Chambres; justifié cette mesure, ainsi que la prompte élection et convocation des députés des départemens, etc.

DU PASSÉ, DU PRÉSENT,

ET DE L'AVENIR;

Par rapport aux circonstances actuelles.

PAR J. LAVAUD.

La loi sur les élections est défectueuse; et il est certain que si en faisant la proposition de la modifier, on n'eût eu que l'intention de l'améliorer, on n'aurait point vu s'élever contre cette proposition une opposition aussi décidée.

Elle est défectueuse par rapport à ses dispositions les plus essentielles.

Elle ne combine point ensemble toutes les espèces de propriété.

Elle ne les combine point avec un certain degré d'instruction, la probité et des mœurs approuvées.

Elle n'appelle point à exercer le droit d'élire leurs députés, assez de citoyens.

Elle exige trop, et trop peu pour l'exercice de ce droit et l'accomplissement de ce devoir.

Elle leur présente de toute part des individus qui déjà ont reçu un premier degré d'élection du pouvoir, et qui par une infinité de motifs exercent directement ou indirectement sur les électeurs plus ou moins d'influence, par rapport à eux et par rapport à ceux qui peuvent leur être désignés par le Gouvernement.

Dans son mode d'élire, elle rend très-difficile et environne de grands inconvéniens la nécessité des députés suppléans. Elle contraint ainsi à ne point en avoir, plutôt que d'en avoir de très-mal et de très-péniblement choisis.

Sous ces rapports elle est vicieuse, dès qu'il existe un mode d'élire plus direct, plus simple, plus exact; qui demande moins de temps pour son exécution, et donne des résultats plus positifs.

C'est-là assez en dire pour faire apercevoir que cette loi est susceptible d'importantes améliorations.

Son exécution a provoqué de mutuels reproches : on en a adressé infiniment plus, et avec des motifs légitimes, au parti des hommes monarchiques.

La corruption, l'intrigue, la fraude, les menaces, les calomnies, ont été employées pour avoir des nominations à la convenance du parti. Or, il est évident qu'on peut et qu'on doit obvier à ces graves inconvéniens; et qu'alors il ne faut pour cela qu'assurer inviolablement l'exécution de la loi, si la loi est l'expression des intérêts du peuple.

Les électeurs sont pris en petit nombre dans la masse du peuple; ils se trouvent en général appartenir à la classe moyenne : ils souffrent des souffrances et des privations de la classe la plus infortunée; ils souffrent de l'insolent orgueil, de la mauvaise foi et des prétentions ridicules de la plupart des hommes monarchiques.

Ces électeurs sont en plus grand nombre : ils doivent, pour leur propre intérêt, pour l'intérêt de ceux qui sont moins riches qu'eux, choisir des hommes qui puissent paralyser ou réduire au néant les prétentions des hommes à priviléges : c'est leur intérêt. Car eux et ceux qui sont moins à leur aise, ceux qui sont plus infortunés, ne jouissent de bien-être que mutuellement les uns par les autres, et lorsque les uns sont malheureux, les autres le sont aussi. De manière que, si, dans la classe des électeurs, on élaguait les hommes de la chambre à prérogatives, qui ne savent que trop bien se représenter eux-mêmes, et qui ne devraient point contribuer à l'élection des députés du peuple, parce qu'en général ils doivent être et seront, la plupart, invinciblement un obstacle (le plus souvent sans effet) aux bonnes nominations.

Plus ensuite, les hommes reconnus sans mœurs, sans probité et sans réputation.

Laissez-y même l'homme de bien, très-peu instruit, ignorant moins par sa faute que par la faute de ses parens, et par la plus grande faute du gouvernement sous lequel il a pris naissance.

Je garantis qu'alors on obtiendra toujours, par cette loi, les mêmes résultats que par des combinaisons plus sages.

Pour faire un bon choix, il faut des hommes capables de choisir, des hommes intéressés à choisir bien. Ces électeurs auront ces garanties, donc ils choisiront bien.

Même aujourd'hui, les propriétaires mitoyens et les propriétaires industriels paraissent en assez grand nombre pour contrebalancer ceux d'entre eux qui peuvent être, par erreur d'opinion, opposés aux mêmes intérêts, et après eux la foule des hommes monarchiques qui sont électeurs.

Je trouve là le bien; mais, il faut que je le dise, dans un gouvernement constitutionnel, ce bien-là porte avec lui le mal.

Il prive le plus grand nombre des citoyens de l'exercice de leurs droits; il empêche qu'ils soient tous, autant que cela doit être, attachés au gouvernement ; il les porte au développement de l'intérêt particulier, et les éloigne de l'intérêt général.

Un gouvernement constitutionnel mesure sa force et sa durée sur les bonnes mœurs, l'instruction, les droits et les devoirs actifs du plus grand nombre possible de citoyens; il fait toujours qu'il y en ait le plus possible. Il environne l'exercice des droits et des devoirs de ces citoyens, d'instruction, de mœurs louables, de la publicité, de l'influence de l'opinion et de la surveillance de la censure publique.

Il n'y a que le despotisme qui veuille donner d'étroites bornes à l'exercice des droits et des devoirs actifs des citoyens; il n'y a que lui qui, en accordant quelques droits à exercer, ne s'enquiert point des garanties et des influences morales, parce qu'il tire avantage et met à profit le vice, l'ignorance et la corruption.

Il est de fait qu'une proposition, toutes les fois qu'elle est faite par un seul individu, ne peut être et ne doit être regardée que comme une opinion particulière.

Elle ne prend de l'importance que lorsqu'elle est adoptée par un nombre d'individus, capables et en mesure de lui imprimer plus ou moins le caractère de l'activité.

Cette proposition n'a pu donc choquer en général tous les Français, que parce qu'elle paraît se rattacher à des prétentions et à des intérêts passés, présens et futurs, et être la suite de plans et de machinations secrètes.

Il n'est personne qui ne puisse sentir que dans l'état où se trouve la reconnaissance, l'observation et la garantie de nos droits et de nos devoirs, il suffirait aux hommes monarchiques d'arracher une loi qui puisse leur donner des députés monarchiques, pour de suite, dans quelques jours, moins encore dans quelques instants, anéantir nos droits, faire disparaître nos devoirs, nous créer et nous forcer à prendre des habitudes à la fois serviles et barbares, et par un régime violent et acerbe, nous rendre à leurs prétentions désastreuses.

Vraiment ce serait une chose étrange que tant de rumeur dans un gouvernement constitutionnel, pour une proposition individuelle, une proposition même adoptée par une portion des hommes qui ont une part dans la puissance législative; si les événemens passés ne nous avertissaient sinistrement sur les événemens à venir, si les prêtres n'avaient depuis long-temps montré les dispositions les plus intolérantes, s'ils ne nous avaient fait apparaître, à la place des intérêts primitifs du christianisme, qui étaient les intérêts de la liberté, des intérêts plus que personnels cachés adroitement sous des subtilités hypocrites; si des missionnaires n'étaient allés porter çà et là des paroles, des pratiques et des cérémonies de diversion, de haine et de vengeance; si çà et là, la généralité des gens d'église n'avaient saisi et ne saisissaient encore avec des assurances coupables l'occasion de vexer les citoyens qui ne voulaient et ne veulent point encore se soumettre humblement à leurs usurpations.

Non contens de frapper de stupeur les consciences par des persuasions erronées, ils ont fait les plus grands et les plus constans efforts pour s'emparer de l'instruction des enfans qu'ils entretiennent dans l'ignorance, et qu'ils nourrissent de préjugés et d'erreurs.

N'ont-ils pas fait aussi tout ce qui a été en leur pouvoir pour diviser les Français, porter le trouble dans les familles, soit en se servant adroitement de la différence des opinions politiques, de la diversité des opinions religieuses, et trop souvent (c'est le moyen le plus odieux) de la forme et des personnes qui avaient avant eux participé ou consommé des pratiques ou des cérémonies religieuses, ou qui même aujourd'hui se présentaient pour y coopérer.

Jusqu'ici les prêtres n'ont point eu en leur pouvoir les moyens violens pour nous nuire, ils en sont à leurs premières usurpations; mais si jamais ils pouvaient achever leur ouvrage, rien ne résisterait à leur tyrannie, et tout ce que la France, l'Italie, l'Espagne, l'Europe, l'Amérique, ont souffert par eux d'horreurs et de cruautés, ressusciteraient agravées dans leur hideux aspect par leur haine et leurs ressentimens.

Pour les hommes monarchiques, ils ont trop fait peser sur nous leur odieuse tyrannie, et à peine échappés du gouffre de maux où ils allaient nous plonger, encore étourdis de leur verge de fer, de leur oppression et de leur tyrannie, nous les voyons plus que jamais renouer leurs complots et reprendre leur conjuration contre le peuple.

Si malheureusement ils pouvaient par des

moyens honnêtes accaparer les propriétés, ils arriveraient par-là à une espèce de considération qui les conduirait à établir l'oligarchie. Leurs projets ainsi ne seraient qu'ajournés ; mais si on pouvait se figurer aujourd'hui leurs succès et mesurer par la pensée et par ce qu'ils nous ont fait, ce qu'ils seraient en état de nous faire ; s'ils achevaient leurs ouvrages, il n'est personne qui n'en serait effrayé.

Quelques années leur suffiraient pour nous réduire à l'indigence et nous couvrir de chaînes.

Robespierre avait resté six mois à arracher pièce à pièce à la convention nationale les décrets qui établirent la tyrannie et la terreur. Les *ultrà* allaient au-devant de la terreur et de la tyrannie. Ils demandaient, ils votaient avec acclamation les mesures les plus désastreuses ; et, arrêtés souvent par le Gouvernement même dans leurs projets destructeurs, ils exhalaient en regrets amers leur impuissante rage. Dans quelques jours les Français se sont vus en proie aux dénonciations, à la calomnie, à la prison, à l'exil, à la proscription, à l'échafaud et aux assassinats.

Ils ont violé les lois, les sermens et les promesses les plus solennelles ; ils ont promené sur nos têtes la hideuse anarchie ; ils ont fait revivre le vandalisme et la sanglante terreur ; enfin, alors qu'ils allaient engloutir avec nous le Gouvernement même, ils ont été frappés de stupeur, encore ne se sont-ils pas tenus pour défaits ; l'intrigue et la perfidie ont veillé pour eux; ils se sont alors couverts du masque et des couleurs de la liberté, ils voulaient aller à la tyrannie par la licence; mais après une si funeste expérience, qui pouvait croire à leur feinte sincérité?

Encore en si grand nombre au sein de la puissance et de l'autorité, ils n'ont pu ni étouffer les sentimens éternels de la liberté que la nature a mise en l'homme, ni comprimer les plaintes et les cris de leurs victimes, ni arrêter la marche et la force progressive et toujours croissante de l'opinion publique, qui les a, je puis le dire, anéantis; car, leurs efforts d'aujourd'hui ne sont plus que le dernier soupir de leurs espérances.

Maintenant, c'est en apparence, sous la forme de l'égalité qu'ils veulent ramener leurs priviléges et procéder à leurs usurpations.

Cette égalité serait pour eux la licence, et pour nous le germe de la servitude.

Ils veulent la guerre civile, ils désirent la guerre étrangère.

Avez-vous réfléchi?

La guerre civile! mais seriez-vous les plus forts?

Si vous et l'étranger pouviez jamais parvenir à nous détruire, oseriez-vous penser que l'étranger vous laisserait après nous?

Pensez-vous qu'alors même que vous remporteriez les premiers avantages, vous seriez à vos fins? détrompez-vous. Aujourd'hui vous voulez ce qui en masse paraît commun à tous les hommes monarchiques. Si vous arriviez aux premières mesures, sauriez-vous alors ce que vous voulez?

Lorsque vous arriveriez au partage des prétentions particulières, qu'en partie vous sacrifiez aujourd'hui, quelles seraient vos discordes!

Alors que vous vous partageriez le pouvoir, quelles seraient vos agitations et vos turbulences! Vous commenceriez à ne plus vous entendre; vous vous abandonneriez aux plus violens désordres; vous vous entre-détruiriez, si l'étranger et nous ne vous avions encore détruit; si l'étranger, après nous avoir détruit, ne vous détruisait aussi; ou, ce qui serait plus probable, si nous n'avions détruit vous et l'étranger.

Vous qui voulez la guerre civile, si le Peuple français vous faisait mordre la poussière, que resterait-il de vous? des cendres rougies du sang de vos frères, pour dire aux hommes à venir de vivre ensemble comme des frères enfans d'une même famille.

Si après vous il lui fallait creuser le tombeau des étrangers, ou s'ensevelir sur le sol de la France, sous les restes et les débris de la liberté expirante, perdue pour long-temps, perdue peut-être à jamais pour la France et l'univers!

Hommes monarchiques, quel déluge de calamités!

Et l'étranger encore appuiera-t-il vos désastreux desseins?

Si des gouvernemens étrangers avaient aussi

des prétentions, les peuples se plieront-ils, contre leurs plus grands intérêts, à leurs odieuses et pernicieuses injustices ? Ne savent-ils point que les lumières, la force et la liberté de la France, sont nécessaires à leur bien-être et à leur liberté ?

Le temps et la nature n'ont-ils point gravé sur des tables éternelles l'alliance des hommes et des peuples ? Nous sommes tous frères : le bien-être, la liberté et la paix, doivent nous unir ; nous, tous les hommes et tous les peuples de l'univers. Et eux et nous, avons-nous autre chose à désirer et à vouloir, que le bien-être, la liberté et la paix ?

Encore vous nous prophétisez des catastrophes. Que ne prévoyez-vous point celle qui sans doute vous arriverait, si on ne vous retenait au-devant de l'abîme ? Et que n'élevez-vous les mains au ciel, pour qu'au jour sinistre que vous appelez, les gens de bien, les vrais amis de la liberté, aient assez d'influence pour retenir les sabres et les baïonnettes que vous avez aiguisés, par les humiliations et tout l'attirail des persécutions, de l'anarchie, de l'oligarchie et de la tyrannie ?

Les hommes monarchiques, et les prêtres dans le même sens ou de sens opposés, et toujours pour arriver au même but, l'accaparement des richesses, l'usurpation de la puissance et de l'autorité, ont toujours eu le même esprit, et ont, le plus souvent qu'ils ont pu, couvert leurs iniquités et leurs perfidies de voiles louables ou de prétextes spécieux.

Sans remonter si haut dans notre histoire, qui, puisée à des sources authentiques, nous prouve que toujours ils ont été fidèles quand il a fallu opprimer, persécuter, tyranniser et brigander le peuple, ils ont été infidèles lorsqu'il a fallu céder de leur autorité, ou regorger quelques parcelles de leurs rapines et de leurs usurpations. Tout est au roi quand il faut prendre ; rien n'est au roi dès qu'il faut rendre ou donner : c'est-là leur immémoriale doctrine ; c'est-là leur immémoriale conduite.

Il y a plus : s'ils n'avaient point été aussi remuans et aussi révolutionnaires, nos pères auraient attendu plus long-temps des adoucissemens à leur servitude. C'est en partie pour les réduire, et ensuite par les progrès des lumières et de la raison, que nos pères et nous arrivons à la liberté.

Sans remonter si haut dans notre histoire, dis-je encore, je m'arrête à l'action la plus exécrable qui aie jamais souillé les annales de l'univers, et dont le souvenir est fait encore aujourd'hui pour arracher des larmes aux hommes les plus endurcis et les plus insensibles. Le massacre de la Saint-Barthélemi fut proposé, projeté, arrêté, au second concile de Trente ; et ce ne furent que les continuelles intrigues et les perfidies des Guises, des nobles, des prêtres, et de Catherine, qui ne faisait jamais le bien qu'en voulant faire le mal, qui entraînèrent Charles IX à tremper les mains dans le sang des Français, et à participer en partie à l'hypocrisie, à la fourberie, aux séductions les plus dissimulées et les plus perfides, qui préparèrent dès longtemps l'exécution de cet horrible massacre, qui à elles seules changèrent en monstres les hommes et les femmes qui le préparèrent, et ceux et celles qui eurent quelque part à son exécution.

Un sage alors avait de l'empire sur Charles IX : quoique huguenot, il fut presque seul conservé. Ses courageuses représentations valurent à Paris et à la France l'ordre de Charles IX pour faire cesser ce massacre. Il ne fut point suspendu longtemps : les intrigues et les perfidies des nobles et des prêtres recommencèrent, et elles furent si pressantes, qu'ils extorquèrent du roi l'ordre de recommencer la boucherie, et le sang ruissela avec plus d'abondance.

Ce sage, cet excellent citoyen, auquel la France et le monde doivent une statue, c'est Ambroise Paré; et c'est-là la moindre des choses qui le rendent digne de cet honneur.

Cela explique la joie et les processions de Rome, et ce lit de justice, si honteux pour ceux qui l'ont tenu, même sans en excepter le vertueux historien, qui chercha par un discours à y justifier cet horrible massacre.

Que de troubles ne suscitèrent-ils point! Eh! n'est-ce pas en avoir assez dit? Je dis encore qu'alors que Henri IV assiégea Paris, et faisait en France la guerre aux nobles et aux prêtres, les nobles et les prêtres furent chercher les secours de l'étranger. Les nobles avaient le projet de faire de la France une république; et en trompant le peuple par l'espérance d'un gouvernement qui lui assurerait après tant de malheurs la liberté, ils voulaient, sous ce nom de république, établir un gouvernement oligarchique : mais, divisés sur l'autorité et la portion de territoire qu'ils auraient chacun, ils ne purent heureusement s'accorder. Le peuple, las de leur oppression, des privations qu'il avait souffertes, et de leur insolence; voyant clairement que ce n'était point pour lui que les prêtres et les nobles travaillaient, et que ce projet de république devait se réduire à peupler la France de tyrans, abandonna les hommes monarchiques, et se jeta dans les bras de Henri IV.

Les révolutionnaires furent tranquilles quelque temps, puis ils recommencèrent à mettre à découvert leurs prétentions; les protestans s'en alarmèrent, et se mirent en mesure pour résister. Henri IV fut obligé d'accorder à leur opposition l'édit de Nantes, que plus tard Louis XIV révoqua pour le malheur de la France, pressé, séduit et circonvenu par les nobles et les prêtres, etc.

Lorsqu'en 1789 les nobles ont émigré, c'était la plupart pour se débarrasser de leurs débiteurs et se soulager de leurs dettes; leur prétendue fidélité était un masque; car, autrement, que n'avaient-ils été fidèles avant d'émigrer? Que n'ont-ils été fidèles après leur émigration?

Ce sont les plus rusés qui ont émigré; les prêtres du haut clergé, qui étaient rusés et aussi hypocrites, s'enfuirent. Les nobles et les prêtres allèrent chercher contre la volonté ostensible du roi, le secours de l'étranger; ils allèrent chercher ou faire des ennemis à la France.

De l'étranger, les nobles poussaient les nobles et les prêtres, le bas clergé de l'intérieur, tandis que la plupart d'entre ces factieux, étalaient sur les frontières leur fol orgueil, leurs prétentions ridicules, leurs vices et leur ignorance. Ils comptaient que loin de l'orage ils n'avaient qu'à gagner des troubles de l'intérieur, et commencèrent déjà à mettre en exécution l'art de jouer à *perd on gagne,* se promettant de venir se pavaner sur les ruines de nos villes et les cendres de leurs frères.

Ombres vertueuses des victimes du gouvernement et du tribunal révolutionnaire, villes qui fûtes le théâtre des troubles et des horreurs les plus inouïs, Bordeaux, Lyon, Paris, Nantes, Marseille, Avignon, Orange, et plus encore, et vous, lieux qui vîtes des massacres et des guerres civiles! répondez à ma voix, et dites si ce ne sont pas les étrangers, l'étranger, une poignée d'ambitieux, d'intrigans, d'hommes honteusement vicieux, qui étaient leurs auxiliaires et les *ultrà* du dedans, couverts du bonnet rouge, ainsi que du masque et des couleurs du patriotisme, qui ont mis la famine, et couvert la France, en 1793, de prisons, de bastilles, de sang et d'échafauds.

Les étrangers n'avaient-ils point leurs commissaires et leurs agitateurs, n'ayant pu nous vaincre par les armes, ils voulurent nous vaincre par la destruction, ils étendirent la mort sur les hommes et le vendalisme sur les lettres, les sciences, les arts, l'instruction et les lumières? Ils séchèrent jusqu'au cœur des hommes généreux et sensibles, par le spectacle de la destruction, les horreurs de la famine et les angoisses de la mort.

MÉMOIRE[1]

DU PARLEMENT DE PARIS,

TOUCHANT

L'ORIGINE DES DUCS ET PAIRS,

Présenté à Monseigneur le Duc d'Orléans, en 1720.

Le parlement se flatte d'avoir donné assez de preuves de son zèle à V. A. R., pour espérer qu'elle ne voudra point le dépouiller des honneurs dont il est en possession depuis tant de siècles. Si les pairs de France avaient regardé les distinctions comme des usurpations récentes et des attentats faits à leur dignité, auraient-ils négligé de s'en plaindre en 1664? N'auraient-ils pas tenté de les détruire dans un temps où le feu Roi paraissait peu favorable à cette cour, où, par

---

[1] Manuscrit, papier et écriture du temps. In-4°, 25 pages.

leurs clameurs importunes, ils obtinrent que l'ordre observé pour opiner serait interverti?

Leur silence est une conviction de la nouveauté de leurs intentions, elles n'ont d'autres ressources que la témérité du duc d'*Uscz*, qui, par un orgueilleux caprice, ne voulut pas se découvrir en donnant son avis, et ce qu'ils osent aujourd'hui appeler une interruption qui arrête la prescription, est l'unique fondement de leur chimère. Attentifs à profiter des moindres occasions, ils voulurent se prévaloir de l'entreprise du duc d'*Uscz*; ils firent tous leurs efforts pour qu'elle fût approuvée et autorisée par Sa Majesté; mais un Prince si rempli de sagesse, comprit aisément que c'était donner atteinte à sa propre grandeur que de diminuer celle des personnes qui ont l'honneur de le représenter, et il défendit de pareilles entreprises à l'avenir, sous peine de son indignation et d'une punition exemplaire.

Les pairs devraient se souvenir de ce que le parlement a fait en leur faveur depuis quelques années. Ils se présentaient dans la même place des sénéchaux pour prêter leurs sermens, et ils étaient reçus en qualité de conseillers de cours souveraines; mais ce titre que les Princes du sang, autrefois, et les ducs de Guise dans leurs plus grandes splendeurs, n'avaient pas dédaigné, blessant l'orgueil des pairs modernes, le parlement voulut bien consentir qu'il fût supprimé; et, par une molle condescendance dont le premier président *de Harlay* fut le premier mobile, il se relâcha sur un point qui marquait hautement la supériorité des présidens qu'ils contestent aujourd'hui avec tant d'aigreur. Cette ambition démesurée ne s'est pas contentée d'un avantage dont ils ne sont redevables qu'à la modération du parlement. Comme ils vont de prétentions en prétentions, et qu'une grâce accordée est, à leur égard, une raison pour en demander une autre, ils songèrent à obtenir d'être salués comme les présidens; et croyant trouver une entière complaisance dans un magistrat fort répandu à la cour, ils s'attachèrent au premier président d'aujourd'hui (M. *de Mesmes*), et s'imaginaient qu'il voudrait bien se relâcher sur le bonnet; mais ils ne purent le séduire par leurs flatteries, ni l'intimider par des menaces dont les indignes effets n'ont que trop paru depuis; il soutint l'honneur de sa compagnie avec tant de zèle et de fermeté que, malgré les pressantes instances des pairs auprès du Roi, il tira parole de S. M. qu'elle ne déciderait pas. Leurs espérances se tournèrent alors vers V. A. R. Ils offrirent à la servir quand le Roi, dont la mort était prochaine et inévitable, aurait terminé sa destinée; mais ils ne s'engagèrent à se déclarer pour V. A. R., que sur l'assurance qu'elle leur donna de favoriser leurs prétentions, et ils lui firent entendre qu'elle ne devait pas compter sur eux sans cette promesse. V. A. R. voudrait-elle fixer un moment son attention sur la différence du procédé du parlement à celui des pairs. Notre zèle seul nous a portés a vous servir, nous n'avons rien extorqué de vous, la régence vous était déjà assurée par nos suffrages avant que les pairs fussent en tour d'opiner; car, nous ne croyons pas qu'ils osent soutenir sérieusement que c'est à eux de disposer de la régence et même du royaume en cas de litige, quoiqu'ils aient eu la hardiesse de le répandre dans le monde et de l'insinuer dans leur mémoire de 1664. Sur quoi pourraient-ils fonder une telle prétention? Est-ce sur ce que leur corps semble être composé de trois états du royaume, ou sur ce qu'ils croient avoir succédé aux ducs de Bourgogne, de Guienne, ou de Normandie?

Vous n'avez pas sans doute oublié, Monseigneur, que vous avez chargé plusieurs fois le président (*de Maison*), d'assurer le parlement qu'il devait compter sur l'honneur de votre protection, et que vous en augmenteriez plutôt les prérogatives que de les diminuer, lorsque vous seriez chargé de l'administration du royaume. Que demande aujourd'hui le parlement à V. A. R.? la seule grâce de le laisser dans la possession de ses droits. Ce n'est pas que nous prétendions vous disputer le droit de juger; et, si l'un de nos plus illustres magistrats dit en présence de V. A. R. que c'était au roi à régler tels différends, ce fut moins par un doute de votre autorité que pour vous suggérer un prétexte spécieux de laisser les choses indécises jusqu'à la majorité du roi, dans un temps où l'union de tous les corps est si nécessaire, qu'ils devraient concourir unanimement au bien de la paix. N'est-il pas étrange que les pairs, qui ne sont qu'une portion du parlement, y excitent des troubles pour satisfaire leur vanité? S'ils étaient affectionnés à V. A. R., la mettraient-ils dans l'embarras d'une décision dont les suites pourraient être dangereuses? Vous n'ignorez pas, Monseigneur, quelle est la considération du parlement dans la ville capitale et dans toute la France, de quel poids est son autorité dans toutes les affaires les plus importantes de l'Etat, et ce que peut son exemple sur les autres parlemens. En vain les pairs veulent se donner pour redoutables : est-ce par leurs grands biens? ils n'en ont pas la plupart autant qu'il en fallait pour être simple chevalier romain; et ils ne se soutiennent que par des alliances peu sortables. Seraient-ils à craindre les armes à la main? Contens de leur dignité pacifique, ils sont peu touchés des emplois militaires ; et si on en excepte un petit nombre, ils servent si mal dans les armées, et ils ont donné si peu de marque de valeur, qu'il semble que l'exercice de la justice leur conviendrait bien davantage.

Mais peut-être engageraient-ils la noblesse dans leur parti. On sait qu'ils l'ont aliénée par leur hauteur ridicule en toute occasion, et particulièrement lorsqu'ils voulaient qu'elle marchât à leur suite le jour du décès du roi, et en faire un corps distingué ou séparé. L'air de la pairie est si contagieux, que l'archevêque de Reims même, dont la dignité n'est que passagère, n'eut pas honte d'entrer dans un dessein si odieux, et de sacrifier ainsi à un honneur d'un moment, les intérêts de la noblesse, pour qui on connaît d'ailleurs assez d'entêtement ; mais ce n'est pas la distinction des présidens à mortier qui les irrite, des idées plus élevées animent leur ambition, et, n'osant ouvertement s'égaler aux princes du sang, ils tâchent de diminuer les honneurs et les prérogatives, qui, malgré la confusion des dignités, met entre eux une si grande différence. Rien ne peut obliger V. A. R. de prononcer, en laissant les choses où elles ont été de tout temps. Les pairs auraient-ils lieu de se plaindre, et ne serait-ce pas avilir le parlement que de le dégrader des honneurs dont les rois ont voulu décorer les personnes qui le représentent.

L'annulation de l'arrêt du 2 septembre, qui n'était qu'une simple précaution de police, pour empêcher le trouble que les pairs se préparaient à exciter le jour de la déclaration de la régence, vient de donner un assez grand dégoût au parlement pour ne pas augmenter sa juste douleur par de nouvelles mortifications. Cependant, si V. A. R. est absolument déterminée à juger, supposition opposée à la politique, ce ne pourrait être que sur des titres ou sur la possession. Les pairs ne peuvent disconvenir que l'usage est contre eux, puisqu'ils le combattent; et s'ils ont des titres qui les manifestent, nous préviendrons le jugement de V. A. R., et nous nous exécuterons nous-mêmes; mais non-seulement notre possession est certaine et immémoriale, elle est encore attestée par nos registres. Ces monumens éternels, qui établissent l'état et le bien de chaque particulier, sont de solides fondemens de la sûreté publique : ces sacrés dépôts de la volonté des rois, oserait-on en attaquer l'ancienneté?

Les pairs n'avaient point d'autres prérogatives autrefois que celles dont jouissent ceux qui avaient des fiefs nobles; ils étaient admis les uns et les autres dans des parlemens ambulans, qui étaient à la suite des rois, pour y traiter des affaires d'état et rendre la justice aux particuliers. Les assemblées générales étaient ordinairement tumultueuses, les rois peu maîtres des délibérations qu'on y prenait, les juges nullement ou médiocrement instruits des coutumes ou du droit écrit, et les parties exposées à de grandes injustices.

Philippe-le-Bel, reconnaissant qu'il était d'une nécessité indispensable de changer la forme de ces parlemens, les rendit sédentaires, et fixa le temps et le lieu de ces assemblées, pour la commodité de ses sujets et l'expédition de la justice. Celui de Paris fut mi-partie d'ecclésiastiques et de laïcs, que le roi nomma à l'ouverture du parlement : deux prélats et deux seigneurs étaient commis pour y présider. Mais quels furent ceux qui furent nommés par le dauphin Charles pendant la captivité du roi Jean? Le comte de Dreux et le comte de Bourgogne.

Les douze pairs de France eurent entrée au parlement comme conseillers honoraires et perpétuels par la qualité de leurs pairies, à la différence des conseillers que le roi choisissait et changeait selon sa volonté et pour faire sentir à ses fiers vassaux la grandeur du souverain. Philippe-le-Bel donna la préséance sur eux aux présidens, comme représentant leur souverain maître dans l'administration de la justice; et le nombre des présidens ayant été augmenté dans la suite, les derniers ont siégé à même titre, aussi-bien que les anciens, à la tête des pairs : preuve certaine que le nombre des présidens n'empêche pas leur unité et leur indivisibilité par rapport à la représentation et aux honneurs qui en sont inséparables. Des princes si puissans se seraient offensés sans doute de voir tant de gens placés au-dessus d'eux, s'ils ne les avaient regardés tous comme ne faisant qu'un seul et unique chef: ils ont même souffert sans murmurer que les conseillers ordinaires eussent une sorte de supériorité sur les honoraires, et que le droit de présider leur appartînt en l'absence des présidens; et c'est pour marquer cette prérogative, qu'un conseiller, en l'absence des présidens, tient les bancs des pairs encore aujourd'hui.

Comme les pairs font partie du parlement, que d'ailleurs ils y ont leurs causes commises, on a apelé quelquefois assez improprement cette cour, la cour des pairs; mais c'est la cour du roi où on rend la justice en son nom, et à laquelle les pairs sont attachés. A la vérité, ils séancent dans les autres parlemens; mais c'est en qualité de conseillers honoraires; et on fait le même honneur aux conseillers de la grand'-chambre, par la considération pour le premier des parlemens.

Les pairs ecclésiastiques, qui se glorifient tant d'être les anciens pairs du royaume, et qu'on entend sans cesse répéter la préséance qu'ils avaient sur les princes du sang, ont-ils d'autres distinctions, dans tous les parlemens, que de siéger au-dessus du doyen, de même que les autres évêques qui sont entrés par la prérogative de leur siége? Ces prélats sont comme eux conseillers d'honneur, comme eux ils ne sont reçus qu'après avoir prêté serment, et ils ne sont ni les uns ni les autres conseillers-nés. Leurs droits étant suspendus jusqu'à leur réception, et cette loi étant commune aux pairs laïques, sur quoi peuvent-ils fonder la nouvelle difficulté qu'ils ont formée au sujet (siégement) du duc de Richelieu, pour arrêter le cours de la justice dans l'exécution du plus important et du plus sage de tous les édits?

Enfin, les fils et les petits-fils de France voient

tranquillement les présidens assis au-dessus d'eux. Le dauphin, cette image la plus parfaite de la royauté, qui touche la couronne d'une main, tandis qu'il baisse l'autre jusqu'à la terre en qualité de sujet; le dauphin, dis-je, ne peut, sans une commission expresse du roi, se mettre à la tête des présidens. Et dans le temps où les princes du sang n'étaient regardés que comme les seigneurs du sang et les pairs de fiefs, le premier président ne les saluait point en demandant leur suffrage : ce n'est que depuis que Henri III les a déclarés pairs-nés, qu'ils se découvrent pour prendre leur avis. Et les pairs modernes se récrient contre un honneur attaché à la dignité de président, jaloux sans doute de ce que les princes du sang en jouissent.

L'histoire nous apprend que le chancelier de Rochefort, allant recevoir au nom du roi Louis XII, l'an 1494, l'hommage de Philippe, archiduc d'Autriche, pour les comtés de Flandre, d'Artois et Charolais, prit le pas sur lui au moment de son arrivée dans la ville d'Arras, destinée pour la cérémonie, et il demeura assis et couvert lorsque le prince se présenta pour prêter le serment de fidélité. Les présidens qui représentent le roi dans une fonction qui n'est pas moins éclatante, seraient sans doute en droit de ne pas saluer les pairs lorsqu'ils entrent dans la grand'-chambre pour venir se mettre en place. Puisque les pairs, pour quelques honneurs limités dont ils jouissent à la cour, se sont imaginés de pouvoir obliger la noblesse à marcher à leur suite, les présidens, qui sont au-dessus d'eux dans le parlement, pourraient avec bien plus de justice demander à les précéder partout ailleurs, s'ils étaient aussi inquiets et aussi remuans qu'eux.

Les Grecs et les Romains, ces nations si belliqueuses, donnaient la préférence à la robe sur l'épée, parce que la force n'est que l'appui de la justice, et ne doit être considérée qu'autant qu'elle sert à la maintenir.

Les républiques de Hollande, de Venise et de Gênes se conduisent encore suivant les mêmes maximes; et ces Messieurs, qui dans le cours de leurs moindres affaires se prosternent devant ceux qui sont revêtus des dignités de la robe, font gloire de la mépriser. Si le parlement, qui, dans sa première institution, ne fut rempli que de nobles, a été depuis ouvert à la roture par la vénalité des charges, ce mélange ne détruit pas son lustre, et le corps des pairs, qui est encore bien plus défiguré, n'est point en droit de nous faire ce reproche.

Il n'y a qu'une sorte de noblesse ; elle s'acquiert différemment, ou par les emplois militaires, ou par ceux de la judicature; mais les droits et les prérogatives sont les mêmes : la robe a ses illustrations comme l'épée; le chancelier et le garde-des-sceaux sont en parallèle avec le connétable et les maréchaux de France, les présidens à mortier avec les ducs et pairs, qui cèdent comme eux, sans difficulté, au chef de la justice.

Mais si on vient à l'examen des familles, nous ne craindrons pas de dire qu'il y a un grand nombre de maisons dans le parlement qui sont au-dessus de la plupart des pairs; aussi, ne croyons-nous pas devoir ajouter foi à leurs fabuleuses généalogies adoptées par le trop crédule Dufourny. Mais sans vouloir entrer dans un détail sur ce sujet plus grand que ne comporte cet écrit, il ne sera pas inutile de donner à V. A. R. une connaissance du moins sommaire, mais fidèle, des maisons de plusieurs ducs; vous jugerez après cela, Monseigneur, s'il serait juste d'abaisser en faveur de ces Messieurs la première compagnie du royaume, et s'ils sont sages de l'attaquer.

Nous conservons dans le Palais l'anoblissement des deux premiers ducs : Geraud *Bastet* fut anobli par l'évêque de Valence, en 1304. Il était fils d'un Jean Bastet, apothicaire de Vivier, qui, en 1300, selon les mêmes registres, acheta la terre de *Crussol* des héritiers de cette maison.

Nicolas de la *Trémoille*, que son esprit divertissant avait mis en crédit auprès de Charles V, fut anobli par lettres-patentes de 1515. Un torrent de bien et de grandeur enfla bientôt cette petite source.

Maximilien de *Béthune* est traité d'homme de néant par le maréchal de Tavannes, dans ses Mémoires. Jean de Béthune son père, était un aventurier d'Écosse, et s'appela *Beton*, suivant sa prononciation étrangère. Les additions aux Mémoires de Castelnau insinuent l'incertitude de son origine, en disant que les Betons d'Ecosse étaient des Bethons de Flandres; et Jean Bethon débaucha Jeanne de Melun, fille du seigneur Rosny, et l'épousa. André Duchesne le fit ensuite descendre des Béthune de Flandres, dont il fut bien récompensé.

Luyne, *Braves* et *Cadnet* étaient trois frères, qui n'avaient qu'un seul manteau qu'ils portaient tour à tour lorsqu'ils allaient au Louvre. Honoré *d'Albret*, leur père, était avocat de Vorcas, petite ville du Comtat Venessin, où les avocats sont qualifiés nobles. Jamais fortune ne fut si grande ni si prompte.

Charles d'Albret fut duc de *Luyne* et connétable de France; *Braves*, qui avait lui-même plaidé en qualité d'avocat, fut duc de *Luxembourg* par son mariage; le cadet créé duc de *Chaulnes*. On les fait venir à présent des Alberti d'Italie.

La maison de *Cossé-Brissac* a beaucoup d'illustration et peu d'ancienneté. Ils ont prétendu, un temps, venir des Cossé d'Italie, comme on le voit dans les additions de Castelnau; mais aujourd'hui c'est d'une maison de Cossé au pays du Maine qu'ils veulent venir.

René de Vignerot, domestique et joueur de luth chez le cardinal de Richelieu, le servit si heureusement dans ses plaisirs, qu'il consentit qu'il épousât sa sœur, qui en était devenue passionnément amoureuse; et il lui substitua ensuite son duché. La mère de ce Vignerot avait épousé en secondes noces un fauconnier ou faïencier.

La fortune de Saint-Simon est si récente que tout le monde en est instruit; jamais il n'y a eu une si mince noblesse; un de ses cousins était encore, presque de nos jours, écuyer du maréchal de Schomberg. La ressemblance des armes de la Vaquerie, qu'il écartelle avec celle de Vermandois, lui a fait dire qu'il avait épousé une fille de cette maison. La vanité de ce petit duc est si folle, que, dans sa généalogie, il fait de la maison de Bossu un bourgeois juge de Mayenne, qui a épousé l'héritière de la branche aînée de sa maison.

Georges *Vert*, du haut de son étal, serait bien étonné de voir sa nombreuse postérité dans les ducs de la *Rochefoucault*, des *Royes* et des *Roussis*.

Les *Neuville-Villeroy* sortent d'un marchand de poissons, contrôleur de la bouche de François Ier. Il est ainsi mentionné à la chambre des comptes. Son fils, greffier de l'Hôtel-de-Ville, fut prévôt des marchands, et père de Nicolas de Neuville, audiencier et secrétaire-d'état. La Morgue, maréchal de Villeroy, a grande peine de s'accommoder d'une si basse extraction.

La maison d'*Estrées* n'est noble que depuis deux cents ans. Le cardinal, après beaucoup d'efforts, n'a pu rien trouver au-dessus de ce temps-là.

Les maisons de *Beauvilliers*, *Boufflers* et d'*Hostun*, n'étaient connues il y a peu de temps qu'autour de leurs villages.

Les *Grammont* ont enfin fixé leurs armes, et ils s'en tiennent à la maison d'*Horé*. Le comte de *Grammont* demandait un jour au maréchal quelles armes ils porteraient cette année là. Ils doivent leur grandeur à *Corisandre* d'Audoin, maîtresse d'Henri IV, leur grand-mère.

Les *Noailles* viennent d'un domestique de Pierre Roger, comte de Beaufort, qui l'anoblit et érigea pour lui un petit coin de terre en fief; les Montmorency en ont le titre, qu'ils n'ont jamais voulu remettre au duc de Bouillon durant leur querelle. Nicolas de Noailles, évêque de Dax, acquit de Lignerac une partie de la terre de Noailles en 1586, et en 1599 il acheta le reste.

On ne connaissait point les Cambom-*Coaslin* avant leur alliance avec Françoise du Plessis, tante du cardinal de Richelieu; la qualité de sergent d'armes ou d'huissiers que portaient les ancêtres du duc d'*Aumont* nous en donnent une petite idée, elle n'est pas au-dessus de la charge de conseiller.

Charles de la *Porte*, maréchal de la *Meilleraye*, père du feu duc de Mazarin, était petit-fils d'un avocat fameux de ce parlement, dont le père était apothicaire à Partenay en Poitou. Ce maréchal, fils d'une tante du cardinal Mazarin, fit ensuite sa fortune.

Les ducs d'*Harcourt* descendent d'un bâtard d'un évêque de Bayeux, Jean d'Harcourt de Beuvron, juge au vicomté de Caen, en 1514; son fils fut du nombre des jeunes enfans de la bourgeoisie choisis pour jeter des fleurs à l'entrée d'Henri IV en cette ville, comme on le voit dans le livre des antiquités de Caen.

Le duc d'*Épernon-Rouillac*, grand généalogiste, nous apprend que les *Pardaillans Montespan* venaient d'un bâtard de chanoine de Lectoure.

Camion de *Villars* était greffier de Condrieux en 1486. De même que son père, Claude de Villars, son petit-neveu, profita des lettres de noblesse qu'il avait obtenues; et après avoir tenu des terres à ferme, il se fit réhabiliter le 17 février 1586 (1).

Les maisons de *Pottier Tresme* et de *Gesvres*, sortent du sein du parlement, d'autres maisons y ont possédé des charges, et un Jean de *Mailly* était conseiller sous Charles VI.

Les *Clermont-Tonnerre* n'étaient que conseillers du dauphin de Viennois.

Les *Chattefaux-Clermont*, dont est l'évêque de

---

(1) Un des valets-de-chambre du connétable de Bourbon lorsqu'il sortit de France, était Goujon *Matignon*, suivant les Mémoires de Brantôme.

Laon, qu'étaient-ils avant le mariage de François de Chatte avec la veuve d'un *Polignac* dont il était domestique?

Telle est, Monseigneur, l'extraction d'une partie considérable des pairs du royaume, mais il n'y a parmi ceux-là ni parmi les autres, comme *Bouillon, Rohan, Luxembourg, Mortemar, la Feuillade, Duras, Brancas, Rochebrune*, aucun sans exception d'un seul, qui soit exempt d'alliance avec la robe, et souvent même ils ont pris alliance avec ce que nous avons de plus abject, car nous ne dissimulons pas qu'il y a parmi nos maisons plusieurs classes que nous distinguons par la grande, la médiocre et la petite robe; cependant ce sont ces gens-là qui se comparent aux ducs de Guyenne, de Bretagne, de Normandie, aux comtes de Flandres, de Champagne et de Toulouse; ce sont ces gens-là qui cabalent pour mettre les princes du sang légitimes dans le rang de leur pairie; qui ne se contentent pas de traiter le parlement avec mépris, veulent faire marcher la noblesse à leur suite, exiger de la noblesse la qualité de monseigneur dans les lettres, lui refuser la main chez eux, obtenir à la Bastille des distinctions jusqu'à ce jour inouies, et se dispenser de mesurer leur épée avec des gentilshommes; ce sont enfin ces gens-là, qui, oubliant qu'ils font partie du parlement, osent comprendre dans le tiers-état cette compagnie, la première et la plus illustre du royaume.

DISCOURS

CHRÉTIEN ET POLITIQUE

DE LA PUISSANCE DES ROIS (1).

Cette suprême raison qui fait que, par de justes propositions et des rapports mutuels, tout est bien compassé dans ce grand corps que l'on appelle le monde; la même nous oblige à croire que dans le corps politique et civil, tel qu'est l'état monarchique, l'ordre y doit être inviolablement observé, si l'on veut qu'il s'établisse et qu'il se conserve. Cet ordre se peut définir, *la disposition parfaite de plusieurs membres sous un chef.*

Cependant, comme la disposition des parties du monde (chacune selon la place qui lui est propre) ne serait pas suffisante sans cette autre disposition que les philosophes ont nommée, *de*

---

(1) *Discovrs chrestien et politiqve, de la pvissance des Roys.* In-4°. titre et revers 2 pages, texte 30 pages. Imprimé vers 1649.

vertu et *de puissance*, parce que c'est elle qui meut et qui vivifie; et comme ce n'est pas assez que la tête soit placée sur le reste du corps, si elle n'influe le mouvement et le sentiment aux membres pour le commun salut de tous : aussi n'est-ce pas assez d'avoir la première place dans l'Etat, si celui qui la tient n'a la sagesse pour savoir, et l'autorité pour pouvoir régir les peuples au bien et à l'avantage du royaume. Et certes, puisque Dieu, à qui toutes choses appartiennent parce qu'elles ne possèdent rien qu'elles n'aient reçu de lui, les gouverne pourtant pour leur propre utilité, et non pour la sienne; ne serait-ce pas une espèce de prodige, que ceux qui n'ont point d'autre droit pour être obéis que d'être les vivantes images de ce Roi des rois, se voulussent persuader que tout doit être fait pour eux, qu'ils se peuvent jouer impunément de la vie et du sang des nations, et que toute âme est tributaire à leurs passions déréglées? Vu principalement que tout empire ayant originairement commencé par élection (ainsi qu'il est aisé de voir par l'histoire ancienne et la nôtre même), ce ne sont pas les rois qui ont fait les peuples; au contraire, ce sont les peuples qui ont fait les rois.

L'Ecriture sainte (1), dont l'autorité est au-dessus de toutes les autres, le fait voir assez clai-

---

(1) I. Reg. 8.

rement. Car ne fut-ce pas Israël qui pria Samuel de lui donner un roi? Saül, qui fut le premier monarque des Juifs, ne les a pas assujettis par force, et la Judée n'était point son patrimoine. Que si l'on demande la raison pour laquelle les Israélites demandèrent un roi à Samuel, la voici : ils se lassèrent de l'injustice et de la violence de Joël et d'Abdias, ses enfans, qui violaient toute équité et se laissaient corrompre par présens. Ils demandèrent un roi pour les juger, et pour se mettre devant eux à la tête de leur armée (1). Voilà l'office du prince, voilà ce qu'il doit à ses sujets : c'est à cette condition qu'il est monté sur le trône. Car de dire que les Juifs demandèrent un roi, afin qu'il les fît piller à ses soldats, qu'il ruinât l'orphelin et la veuve, et ne reconnût point d'autre droit que la force et la violence, cela choque entièrement le sens commun, puisque ce peuple déposa les fils d'un homme de Dieu, d'un grand prophète, de Samuel, à cause de leur injustice. Certainement élire et déposer n'est pas un droit d'esclaves, comme on prétend que soient les peuples.

Mais toutefois, disent les flatteurs des princes, ces hypocrites de cour, qui couvrent leurs concussions et leurs brigandages du sacré nom de la

---

(1) I. Reg. 8. *Judicabit nos Rex noster et egredietur ante nos et pugnabit bella nostra pro nobis.*

royauté; *le droit du roi,* disait Samuel, *sera de prendre vos femmes et vos filles, de décimer vos vignes et vos blés.* Et plût à Dieu qu'on en fût demeuré là, *pour donner à ses favoris et à ses eunuques.* Et par conséquent, concluent-ils, tout est au roi.

Si cela est, pourquoi donc alors qu'on répète sur ces saints docteurs, une petite partie des sommes immenses que, sous prétexte de la majesté royale, ils ont volées à la France? Pourquoi est-ce qu'ils allèguent la foi publique et les traités qu'ils ont faits avec le prince? Pourquoi, afin de reprendre à la première occasion d'injustice ce qu'ils appellent leurs avances (quoique dans la dernière nécessité de l'Etat), rentrent-ils dans les grands partis dont ils s'étaient retirés, puisqu'ils disent que tout est au roi? Pourquoi s'écrient-ils si hautement quand on remet leur remboursement à des termes un peu plus éloignés qu'ils ne souhaitent? Pourquoi, pour assister l'Etat, qu'ils ont plus d'intérêt de conserver que le menu peuple, puisqu'ils y possèdent tant de terres et d'honneurs, ne veulent-ils pas vendre ou engager une portion de leurs biens, s'il est vrai, comme ils le publient, que tout est au roi? Ah! méchans serviteurs, vous êtes jugés et convaincus par vous-mêmes; vos actions démentent votre bouche, et votre iniquité ne se peut plus dissimuler. Tout est au roi, quand il est question de voler les provinces et de mettre tout à la chaîne pour satisfaire à leur avare cruauté : rien n'est au roi quand il est question de faire rendre gorge à ces harpies. O justice! ô vérité! où vous êtes-vous retirées? *Romam pedibus qui venerat albis.* Celui qui n'avait pas dernièrement de souliers quand il vint à Paris, et qui maintenant a des litières et des carrosses, proteste que tout est au roi, quand il veut, sous ce prétexte, engloutir un million de familles; mais si l'on veut toucher à la sienne et lui redemander ce qu'il a pris, il devient jurisconsulte et fait nettement sa distinction : *que tout est au roi quant à l'autorité souveraine, quoique la propriété des biens soit à chaque particulier. Singulæ res, singulorum sunt.* Cette maxime est indubitable; elle est reconnue par tout le monde, et des empereurs, quoique païens, n'en ont pas voulu douter. Cependant le partisan ne l'a sue ou ne l'a voulu savoir que depuis qu'on lui a parlé d'emprunts et de taxes sur lui-même : il laissait dormir les lois, et n'avait garde de les réveiller.

Le droit des rois, me dira-t-on, n'est donc pas tel que Samuel le disait? O prévaricateurs en la cause de Dieu et du peuple, disons des rois mêmes, dont vous rendez la puissance odieuse! Ne savez-vous pas que Samuel se plaignit au Seigneur de ce changement du peuple (1), et que le Seigneur

---

(1) I. Reg. 8.

lui répondit : *Ce n'est pas toi, ô prophète, qu'Israël a abandonné, c'est moi-même ! Il ne veut plus que je règne sur lui ; dans l'Égypte, il m'a quitté pour des idoles, et il te veut quitter aujourd'hui : fais pourtant ce qu'il te demande ; mais prends-le auparavant à témoin, et qu'il s'en souvienne à jamais. Voilà la justice des rois* (1) : *ils prendront vos femmes et vos enfans, etc.* De quels rois pensez-vous que Dieu parlât ? Il parlait des rois idolâtres. *Donnez-nous un roi qui nous juge, comme ont toutes les nations de la terre ;* c'est la demande du peuple juif. Et l'on ne peut ignorer qu'alors toutes les nations et leurs rois étaient infidèles. C'est donc bien à propos, pour relever la majesté des princes chrétiens, alléguer des princes payens et barbares ; et pour faire révérer la royauté, c'est bien à contre-sens employer les paroles prononcées de la bouche de Dieu même, pour en détourner le peuple par l'horrible menace des maux dans lesquels il s'allait plonger. Il faut bien être abandonné à soi-même et livré aux passions d'injustice, pour fonder les droits légitimes des rois chrétiens sur ce qui est dit contre la tyrannie des rois idolâtres. Ah ! n'armez point la puissance absolue, qui n'est déjà que trop redoutable

---

(1) Le terme Hebreu de Mischpat signifie coutume et jugement.

de soi, de raisons, d'injustice et de violence! Et s'il vous reste encore quelque sentiment de piété, ô corrupteurs de la jeunesse et de l'innocence des princes! écoutez l'Écriture, au même livre des Rois, cap. 12 : *Samuel parle encore au peuple : Voici que Dieu vous donne un roi ; si vous craignez Dieu, si vous le servez, si vous écoutez sa voix, vous et votre roi marcherez après le Seigneur ; mais si vous refusez de l'entendre et de le suivre, la main du Seigneur s'appesantira sur vous et sur votre roi.* Quoi plus, cette histoire finit ainsi : *Quod si perseveraveritis in malitia vestra vos, et rex vester pariter peribitis.*

On voit bien que je tais beaucoup de choses par respect, et que la seule nécessité de faire voir que le roi est également sujet aux lois divines que son peuple, m'a contraint d'examiner un passage jusqu'au bout, dont plusieurs esclaves du siècle détournent le vrai sens à des pensées d'injustice.

Or, qu'est-ce que commande et défend la loi de Dieu? *Tu adoreras le Seigneur, tu ne serviras qu'à lui ; tu honoreras père et mère, etc.; tu ne déroberas point, tu ne tueras point, etc.* Est-ce pour le peuple seulement que ces commandemens de Dieu sont faits? Interrogez David sur le meurtre d'Urie, et sur l'adultère de Bethsabée, et vous verrez s'il était maître de la vie et de la mort de ses sujets. Lisez les psaumes de la pénitence, où il confesse ces deux crimes la larme à l'œil et la cendre dessus la tête; voyez la vengeance que Dieu en prit: *La division et le glaive ne se retireront point de ta maison à jamais; je remplirai la famille royale de calamités, et ferai enlever tes femmes devant toi; tu m'as offensé en secret, j'en prendrai vengeance publiquement, à la vue de tout le peuple et devant les yeux du soleil* (1).

Que vous dirai-je de son petit-fils Roboam? Par l'ordre du ciel il eut dix tribus qui le quittèrent, parce qu'elles ne pouvaient plus supporter ses exactions (2); et chacun sait l'histoire de Naboth, dont Achab s'était confisqué la vigne par de fausses accusations. Je lasserais la patience du lecteur, si je voulais rapporter tous les exemples de la Bible: on les rencontre partout, et l'on n'est en peine que de l'embarras du choix. Chose étrange! le roi Ezéchias, qui d'ailleurs était un si bon prince, et pour qui Dieu avait fait un si grand miracle qu'il en étonna la nature et surprit le soleil, apprit de la bouche menaçante du prophète, que son sceptre serait brisé dans la main de ses enfans, parce qu'il avait étalé aux ambassadeurs de Babylone, peut-être avec trop

---

(1) Reg. 2, cap. 12. *Suscitabo super te malum de domo tua*, etc.

(2) 2 Reg. cap. 11. *Hæc dicit Dominus quia mea hoc gestum est voluntate.*

d'ostentation, les trésors et la magnificence de son palais (1), ou plutôt, parce qu'il avait péché contre le précepte du Deutéronome, qui défend aux princes d'amasser trop de richesses et d'éclater avec trop de pompe.

Après cela, que les faux prophètes, dont la cour des princes n'est que trop remplie, aillent prêcher aux rois, que leur volonté doit être la seule loi de leur peuple; que leur désir est l'unique raison qu'ils doivent suivre, et qu'ils ne sont point soumis aux lois comme le vulgaire. S'ils le disent, un véritable prophète les démentira; c'est Samuel encore, lequel, après avoir présenté Saül au peuple, écrivit la loi du royaume dans un livre, que, pour mémoire éternelle, il posa devant les yeux du Seigneur à côté de l'arche d'alliance (2). Ce livre, comme beaucoup d'autres, est péri par l'injure du temps : mais si l'on veut savoir quelle était la loi de l'État, et si c'étaient des maximes de violence et de tyrannie que le prophète exposa aux yeux de l'Éternel, ou si c'étaient des instructions pour bien régner, qu'on l'apprenne de la

---

(1) *Non habebit argenti et auri immensa pondera;* Deut. 17. v. 18.

(2) Reg. 1, chap. 10, v. 25. *Locutus est ad populum legem Regni et scripsit in libro et reposuit coram Domino.*

Mischpat Hammelucha *Legem regni.*

bouche de Dieu même parlant à son peuple (Deutéronome, chap. 17) : *Quand tu seras entré en la terre promise, et que tu diras : j'établirai un roi sur moi comme toutes les nations de la terre* (vous voyez que c'est une prophétie de ce que le peuple fit sous Samuel, vous voyez que c'est le peuple qui crée un roi), *tu prendras celui que Dieu élira du milieu de tes frères, car tu n'en pourras prendre d'autres. Quand il sera fait, il ne pourra pas avoir beaucoup de chevaux, de peur qu'il ne te ramène en Égypte avec sa cavalerie, puisque je t'ai défendu d'y retourner jamais ; il n'aura point quantité de femmes, qui lui détourneraient le cœur de moi, ni des sommes immenses d'or et d'argent. Quand il sera assis sur le trône, il écrira de sa propre main en un livre, le Deutéronome de la loi, dont l'exemplaire lui sera fourni par les sacrificateurs de la tribu de Lévy ; il le portera avec lui, et le lira chaque jour de sa vie, afin qu'il apprenne à craindre le Seigneur son Dieu, et à suivre ses commandemens. Son cœur ne s'élèvera point orgueilleusement sur ses frères* (c'est le nom que Dieu donne aux sujets du prince, pour montrer qu'il est homme comme eux). *Il ne se détournera de ma loi, ni à droite ni à gauche, s'il veut que lui et sa postérité règne long-temps sur Israël.*

Que l'on rapporte ensemble ces deux passages, celui de Samuel, au Ier livre des Rois, et celui du Deutéronome, l'on apprendra quel est le devoir du prince et sa légitime autorité.

Cette sagesse infinie, laquelle a dressé le plan des royaumes, s'est si clairement expliquée, qu'on ne peut plus prétexter aucune ignorance. Et quand cette reine des rois dit que c'est par elle qu'ils règnent, au même temps elle leur en donne les moyens par son propre exemple : *Attingit à fine ad finem fortiter, et disponit omnia suaviter.* Cette maîtresse du Monde, cette suprême sagesse, dont toute la prudence politique n'est qu'une petite émanation, tient en ses divines mains les deux bouts de la terre, et, d'une extrémité à l'autre, elle gouverne et conduit tout. Grand exemple pour les princes qui, pour élever la fortune d'un favori, abandonnent tout le reste à l'opprobre, à la persécution et à l'infamie ! Elle ordonne de toutes choses avec douceur : reproche immortel à ces esprits tyranniques, qui ne font rien que par fureur et par violence !

Que si les choses violentes ne sont pas durables, nous ne détruisons pas la puissance royale, quand nous la prions de se souvenir des bornes que Dieu lui a marquées, et de ne les point outre-passer ; au contraire, nous l'établissons, et au lieu d'un règne d'injustice, tel que celui d'un Antiochus et d'un Néron, dont la catastrophe a été si épouvantable, nous faisons voir quel est le règne de l'équité et de la justice, qui affermissent la couronne dessus la tête des souverains.

Voilà ce que nous apprenons de l'Écriture, contre laquelle non plus que contre la vérité même il n'y a point de prescription : voilà comme les rois sont obligés d'observer les commandemens de Dieu aussi bien que leurs sujets, puisque Dieu est le père des uns et des autres, et que pour cela ils sont nommés frères. *Regem è medio fratrum tuorum :* et voilà, pour sceau de ces premières observations, la menace fulminée du ciel contre les têtes couronnées, *potentes potenter tormenta patientur.* Si tout était permis aux rois, si toutes leurs entreprises étaient justes, s'ils avaient droit de tout faire impunément, ils ne seraient point ménacés, disons tout, ils ne seraient pas punis; *les puissans seront puissamment tourmentés :* écoutez, ministres d'injustice, conseillers exécrables qui infectez la source des fontaines publiques, infectant l'esprit du prince; c'était la pensée de Salomon.

Les noms même que les rois prennent, et que les livres saints et profanes leur donnent, *de chefs, de pasteurs et de pères du peuple,* expriment assez l'obligation de leurs grandes charges, et c'est choquer le sens commun de croire que la relation ne soit pas mutuelle entre les princes et les peuples. Il n'y a point de roi sans sujets, il n'y a point de sujets sans roi : il se ruine lui-même quand il les ruine : avec la main droite il se coupe la main gauche quand il porte une partie de son royaume à détruire l'autre ; il met sa personne et son état en proie aux étrangers ; ses ennemis ne lui peuvent rien souhaiter de plus funeste, c'est faire la volonté de ceux qui le voudraient détrôner. Les corrélatifs sont et subsistent l'un par l'autre, et si vous ôtez les réciproques rapports qu'ils ont ensemble, sans doute vous les détruisez. La royauté et la sujétion sont de ce nombre : le fondement de celle-ci, c'est la puissance de bien et légitimement commander selon les lois de Dieu et les lois fondamentales de l'Église, dont les rois ne se peuvent point dispenser ; le fondement de celle-là, c'est la juste nécessité et l'obligation d'obéir. Car, ce n'est pas une petite vérité ni peu importante, que toute force et toute multitude sans conduite est plus redoutable à soi-même qu'à ses ennemis.

Ces devoirs du prince envers ses sujets étant supposés, comme n'ayant pas besoin de preuve, puisque toutes les histoires en sont pleines, que les textes sacrés l'enseignent, et qu'entre les païens même les sages n'en ont pas douté, examinons un peu la différence qu'il y a des tyrans et des rois, afin de prouver aux faux politiques que la tyrannie, qui est cette façon violente de faire tout par caprice et par fureur, est la corruption totale et la ruine entière de la royauté. Les vivans sont trop intéressés dans les affaires présentes, il faut citer des témoins morts : les préjugés et les passions sont au-deçà des sépultures, et n'entrent point avec nous dans le tombeau. Je produirai les deux plus savans politiques de la Grèce : l'un a instruit le plus grand roi de l'univers, le vengeur des Grecs sur les barbares, l'incomparable vainqueur de l'Orient; l'autre a été recherché des peuples afin qu'il leur donnât des lois : chose étrange ! il fut consulté par les tyrans même, lassés des meurtres et des rapines qui les faisaient haïr de tout le monde, et contraignaient tout le monde de les haïr, pour voir s'il les pourrait guérir de leur injustice.

Quand le monde durerait éternellement, dit en quelque part le philosophe divin (1), on ne verrait point d'autres formes de gouvernement que celles qu'on a déjà vues; ce qui revient à ce que dit Salomon, qu'il n'y a plus rien de nouveau sous le soleil. Lorsque la multitude ravie de la beauté, de la valeur, ou de la sagesse de ces personnes héroïques que la nature a faites pour commander, choisit quelqu'un qui la gouverne et dont elle reçoit les lois pour la révérence de sa justice, c'est l'origine de la monarchie qui dure autant que les enfans imitateurs des vertus de leurs pères profitent de leurs grands exemples, et se montrent dignes de la royauté, que si (comme peu à

---

(1) Lib. 8. Reip.

peu les meilleures plantes dégénèrent) la violence et l'injustice usurpent la place du jugement, on voit que les plus vertueux, venant à s'opposer à la tyrannie, sont élus par le peuple qui en fait ses conducteurs; ce qu'on appelle aristocratie ou le gouvernement des gens de bien. Mais si par la suite du temps, lequel corrompt toutes choses, ceux qui succèdent à la dignité de ces grands hommes ne succèdent point à leur prud'hommie, et viennent à tout désoler par leur avarice insatiable, c'est ce qu'on appelle oligarchie ou la domination de peu de gens, laquelle à la fin se rendant insupportable par ses excès, est changée en république par le peuple, qui ne se peut plus fier de sa conduite à personne. Les Grecs et les Romains, après avoir fait descendre du trône et des tribunaux ceux qui par des maximes détestables voulaient traiter leurs sujets ainsi que leurs ennemis, se rétablirent ainsi dans les anciens droits de la nature, et reprirent leur liberté.

Voilà le demi-cercle des gouvernemens politiques, achevons le cercle entier. Le peuple qui régnait d'abord (après avoir extirpé la tyrannie) en faisant régner les lois, n'a pas long-temps l'humeur de les suivre (comme une bête furieuse échappée de ses liens), il s'emporte bientôt, et n'agit plus que par violence; son impétuosité est celle d'un torrent qui a renversé toutes ses digues; ce grand corps politique n'a point de chef pour en avoir trop; c'est un monstre qui est tout de têtes, et ce monstre s'appelle anarchie; déplorable état qui continue jusques à tant que, comme les frénétiques qui se trouvent faibles et languissans après les longs accès de leur fureur, ont recours aux médecins qu'auparavant ils avaient voulu déchirer; ainsi le peuple affaibli et ruiné par ses désordres, regarde de tous côtés d'où lui peut venir le remède. Dans cette disposition des esprits, si quelqu'un éclate par une extraordinaire vertu et par la gloire de ses actions, le peuple le conjure de prendre en main le timon du vaisseau battu si long-temps de la tempête, et accourt à lui comme à quelque Dieu. Alors l'état populaire devient monarchique, et se rend heureux autant que celui qui le gouverne ne préside pas plus que la justice et les lois. Que si lui ou ses successeurs la violent, et de la corruption de cette vierge innocente prétendent faire une cruelle ostentation d'une puissance absolue, on souffre d'abord, et puis on murmure; le murmure après passe en des plaintes, les plaintes en des remontrances, et les remontrances méprisées en désespoir, lequel se fait des armes de tout. Dès-lors, la première résolution recommence, et s'il se trouve dans l'état des hommes puissans, lesquels soient aimés des peuples (comme il est impossible qu'il n'y ait toujours quelqu'un d'illustre par sa vertu ou par sa naissance), ceux-là, au moindre avantage qu'ils remportent, au moindre coup de réputation, prennent toute l'autorité et la laissent à leurs enfans autant de temps qu'ils ont d'adresse à ménager l'esprit des peuples. Mais s'ils déchoient de crédit, ou qu'ils s'accoutument peu à peu à la tyrannie, comme on disait, que dans le temple de Jupiter, en Arcadie, quiconque goûtait de la chair humaine mêlée avec les autres victimes, devenait loup nécessairement; alors il en arrive ce que nous avons dit tantôt, et ce qu'il n'est pas besoin de répéter. Le changement des états est donc, comme vous voyez, une suite infaillible du changement des mœurs de ceux qui gouvernent; et de tout ce discours il résulte, que la tyrannie est la destruction de la royauté, comme elle l'est de toutes les autres formes de gouvernement.

Que si vous voulez savoir ce que c'est que la tyrannie, elle se peut, à mon avis, reconnaître par ce que le même Platon a dit du tyran:

Au commencement, celui qui aspire à la tyrannie salue tout le monde et sourit agréablement à chacun; mais après qu'il s'est réconcilié une partie de ses ennemis, et qu'il s'est défait des autres, il n'est pas sitôt assuré de ses affaires, qu'il entreprend quelque guerre, tant afin que le peuple ait besoin de conducteur, qu'afin qu'il s'appauvrisse en fournissant aux frais des armées, et ne pensant qu'à vivre au jour la journée, comme on dit vulgairement, soit moins en puissance de conspirer contre lui. Davantage si dans l'état il remarque quelques âmes hautes et héroïques, lesquelles refusent de le servir, ou qui puissent former un parti contraire; la guerre et leur propre valeur lui servent de prétexte pour les exposer aux ennemis et s'en défaire glorieusement. Car il est si heureux, que veuille ou non, il est contraint d'être ennemi de tous les hommes qui ont de l'esprit et du cœur, de sorte qu'il les persécute jusques à ce qu'il en ait purgé la cité; manière de purgation assez différente de celle des habiles médecins, qui purgent les mauvaises humeurs des corps et laissent les bonnes, mais le tyran en use ainsi : c'est ce qui le contraint de vivre avec les pestes de l'état, qui sont les instrumens de sa tyrannie et les supports de sa fortune. Par-là vous pouvez penser comme la vie du tyran est heureuse, puisque tous les bons lui sont ennemis, et que la société des méchans est infidèle. C'est pourquoi il a besoin de gardes pour s'assurer de ceux mêmes qui lui font la cour. *Sed quis custodiet ipsos custodes?* On sait comme en ont usé autrefois à Rome les soldats prétoriens, et ce qui est arrivé dans Athènes.

Ceux qui tyrannisent les autres, sont par conséquent les plus tyrannisés; plus de trois furies les persécutent; l'avarice, l'ambition, les voluptés effrénées, avec les douleurs et les maladies honteuses qui les suivent ordinairement, les inquiétudes, les chagrins, les soupçons, les défiances, les jalousies, les craintes, les frayeurs, la rage et le désespoir; quand une passion les quitte, une autre les reprend; et quoiqu'ils se vantent d'avoir si bien arraché les dents à leur conscience qu'ils n'en souffrent plus les remords, cela est si faux, qu'on les voit pâlir et trembler au moindre accident qui les menace. Le vol d'un oiseau dans les ténèbres les épouvante, l'agitation des feuilles par le vent les réveille tout en sursaut, et l'aspect de la moindre personne qu'ils n'ont pas accoutumée, retrace en leur esprit timide toutes les images de conjuration et de mort. Cette seule pensée, que jamais tyran n'a fait mourir son successeur, est un vautour dans leur sein qui les déchire éternellement. Ainsi la loi d'Adrastie est inévitable, et le Dieu des vengeances (quoi que s'imaginent les libertins), ne s'endort point sur les grands coupables. Telle est la vie, sans parler de la mort, ordinairement honteuse et sanglante de ces monstres de la nature, lesquels livrés comme des esclaves, tantôt à un vice et tantôt à un autre, appellent puissance cette licence effrénée de tout faire contre la raison, en quoi ils se dégradent eux-mêmes; d'hommes qu'ils étaient ils deviennent bêtes furieuses; et ne pouvant commander à leurs passions, entreprennent pourtant de commander à tout le monde.

Après Platon vint Aristote, lequel dans la pratique exacte qu'il avait eue premièrement de tous les états de la Grèce, et depuis de ceux de l'Asie, suivant son grand Alexandre, enseigne qu'il y a trois formes de gouverner qui sont bonnes, et trois mauvaises. Car, puisque le gouvernement politique est de ce qui commande souverainement aux États (1), il faut qu'un seul ait cette autorité, ou peu d'hommes, ou plusieurs; lesquels, s'ils n'ont tous d'autre but en gouvernant que le bien public, et qu'ils y rapportent toutes choses, ces états nécessairement sont bien conduits. Nous avons accoutumé d'appeler *royauté* l'état où un seul commande pour le bien de tous. Celui où peu d'hommes éminens en vertu travaillent au bonheur de la cité, *aristocratie;* et quand la multitude gouverne en se conduisant par les lois à l'avantage d'un chacun, on l'appelle *république,* d'un nom commun à toutes les espèces de gouvernement. Mais comme chaque vertu est opposée à chaque vice, et le bien au mal, le vice et la destruction de la royauté, c'est la tyrannie, qui ne regarde que l'utilité d'un seul. Le vice de l'aristocratie, c'est l'oligarchie qui rapporte tout au profit des riches. Le vice de la république, c'est la démocratie, ou l'effrénée puissance du peuple, qui appelle liberté la licence de tout dire et de tout faire sans frein, sans conduite et sans lois. Lisez toutes les histoires, consultez toutes les nations, vous ne trouverez point de plus ordinaires et de plus effroyables exemples que du changement des républiques par la luxure, l'avarice et la cruauté, rejetons miséra-

---

(1) Lib. 3. Pol. cap. 5.

bles de la tyrannie. Babylone, Rome et Constantinople, l'Asie, l'Europe et l'Afrique en peuvent donner des témoignages éternels, et il faut démentir tout le genre humain pour y contredire.

Le même philosophe parlant de la monarchie et des causes de sa ruine, dit : que cette forme du gouvernement, quand il n'y aurait rien dehors qui le menaçât de sa chute, a plusieurs fatalités à craindre au-dedans, et principalement ces deux-ci; la division de ceux qui ont part au ministère, et l'opinion tyrannique qu'ils ont conçue d'être maîtres de plus de choses qu'il ne leur en appartient par la loi. Par ce peu de paroles il comprend tout ce qu'il avait dit auparavant de la décadence des empires (1); soit par le mépris où tombent les monarques, faute de sens, ou par la lâcheté; soit par les rapines exercées sur les peuples, et principalement par les injures faites à l'honneur des personnes libres (dont il cite beaucoup d'exemples); soit par la crainte et l'horreur que donne partout la cruauté, soit par la colère et l'indignation des sujets, soit par la haine envieillie et enracinée contre la domination violente, soit par la mauvaise intelligence des plus puissans de l'état, soit par l'entreprise de ceux qui commandent les gens de guerre (car la valeur, dit ce philosophe, devient audace alors qu'elle se

---

(1) Lib. 5. Pol. 10.

voit armée, dont il allègue pour témoins Cyrus contre Astiages), soit enfin par le désir de gloire qui s'excite quelquefois si puissamment en certaines âmes, qu'elles se dévouent volontairement à la mort pour la liberté de leur pays.

Comme dans la médecine, les contraires sont les remèdes de leurs contraires; il est aisé de juger des maximes qu'il faut suivre pour ne point donner contre les écueils où les souverains font naufrage. Le même Aristote nous l'apprend au même lieu, par la distinction qu'il fait des vrais monarques et des tyrans.

La royauté, dit-il, fut premièrement établie pour la défense des bons contre la multitude et la populace. Le roi fut créé du nombre des meilleurs à cause de l'excellence de sa vertu, pour la grandeur de ses actions ou pour la gloire de sa race. Le tyran fut élevé par la populace contre les nobles afin d'en éviter l'oppression, et ça été en les calomniant auprès du peuple qu'il s'en est rendu le chef; ce qui est manifeste par les événemens passés. Ainsi la royauté approche de l'aristocratie en ce qu'elle a été premièrement donnée au mérite, à la vertu, à la haute naissance et à la reconnaissance des bienfaits. Autrefois, tous ceux qui avaient fait de grands biens aux peuples, ou qui étaient capables de leur en faire, parvinrent à ce dernier comble d'honneur : les uns empêchant que leur patrie ne tombât en servitude (comme Codrus chez les Athéniens), les autres la remettant en liberté (comme Cyrus fit de la Perse), et quelques-uns pour avoir édifié des villes ou conquis quelques provinces.

Or, voici le devoir et l'office du roi ; il est le tuteur et le gardien de l'Etat, pour faire que les riches ne soient point outragés par le peuple, et faire que le peuple ne soit point maltraité des riches : au lieu que le tyran ne considère le public que pour son intérêt particulier. La fin du tyran, c'est la volupté : l'honnêteté est celle du roi ; vouloir surpasser tout le reste en richesse est tyrannique, le surpasser en honneur et dignité est royal. La garde royale est des citoyens ; la tyrannique, des étrangers. De plus, il est apparent que la tyrannie a les vices de la démocratie et de l'oligarchie, qui sont les deux plus vicieuses manières de gouvernement : de l'oligarchie ; puisque l'unique but du tyran est de s'enrichir, d'opprimer le peuple, le chasser des places fortes, et le désarmer, à cause qu'il ne s'y fie point : de la démocratie ; parce que le tyran fait la guerre ouvertement ou secrètement aux gens de bien et aux nobles, les bannit souvent comme ennemis de l'Etat, et s'en défait autant qu'il peut, parce qu'ils sont dignes de gouverner, et plus capables que les autres de conspirer contre lui.

Tel est le sujet de la ruine précipitée de la tyrannie, que, si quelques tyrans ont beaucoup régné, comme Ortagoras et ses enfans, c'est parce qu'ils traitaient le peuple avec modération, et qu'en la plupart de leurs affaires ils se soumettaient aux lois; outre qu'étant de grand cœur, et fort entendus en l'art militaire, ils ne couraient point fortune de tomber dans le mépris.

Je crois que c'est assez d'Aristote, et que les raisons alléguées sont suffisantes pour instruire les ennemis de la royauté, qui la veulent faire dégénérer en tyrannie.

Je n'ignore pas que l'on dit que les hommes du siècle présent préfèrent certain politique moderne à ces anciens philosophes, croyant que l'art de régner s'est bien raffiné depuis le vieux temps. Je ne m'étonne pas que ceux à qui le grec et le latin font mal à la tête, et qui sans avoir jamais rien appris se croient pourtant capables de tout gouverner, prennent pour leur perpétuel exemple le prince du secrétaire des Florentins. Et toutefois, s'ils voulaient un peu prendre garde à la vie et à la mort de Borgia et de son oncle, et comment l'un et l'autre périrent par leur propre méchanceté, je pense qu'ils pourraient changer d'avis : outre qu'il y a grande différence (et c'est ce que les impies et les ignorans n'ont point encore voulu ou n'ont pu apercevoir) entre un état usurpé, comme celui du prince de Machiavel, et un état héréditaire; entre un grand royaume successif, comme celui de France, et un petit duché d'Italie. Que les usurpateurs et les tyrans estiment tant qu'il leur plaira, qu'il faut couper la tête des plus hauts pavots et renverser les plus grands épis; qu'il est plus sûr d'être craint que d'être aimé, parce que l'un dépend de nous, et l'autre d'autrui (ce qui pourtant n'est pas véritable); que celui-là est fou qui pardonne aux enfans après avoir tué le père; et, comme disait une nouvelle furie, sous la forme des Muses et des Grâces, qu'on ne périt point pour être méchant, mais pour ne l'être pas assez; il sera toujours véritable qu'un monarque légitime, qui règne paisiblement et sans contradiction dans son Etat, comme un enfant dans la maison de son père, n'a pas besoin de renoncer à la nature, à la justice et à Dieu même, pour conserver une autorité de douze siècles, laquelle il n'a point usurpée. Ceux qui lui donnent d'autres conseils sont ennemis de sa personne et de son Etat; et pour faire leurs affaires particulières, sans se soucier que le royaume périsse, hasardent sans conscience ce qui est assuré au roi par les droits les plus sacrés et les plus inviolables. Davantage, ces prudens du siècle (à qui ce serait trop d'être chrétiens, et auxquels l'on souhaiterait seulement qu'ils eussent les vertus païennes) peuvent par leur propre maître être aisément convaincus de leur mauvais raisonnement. Car dans ses discours sur Tite-Live, Machiavel n'attribue-t-il pas à la valeur des Romains, à leur justice, à leur générosité, à leur bonne foi, et à leur religion même (ce qui semble étrange pour un Italien de son humeur), cette grandeur d'empire et cette majesté de puissance qui a mis

Rome au-dessus des rois, et porté sa renommée jusqu'aux extrémités du monde. Et, à la vérité, comment est-ce que l'injustice et la violence perpétuelle maintiendraient un grand royaume, puisque la justice, leur contraire, est nécessaire à ce point que, sans elle, les voleurs même et les pirates ne pourraient pas subsister ?

C'est pourquoi on ne pourrait trop s'étonner si l'on voyait des personnes sacrées, au moins par leur charge et leur dignité, et qui font profession publique du christianisme, consentir à des maximes que les brigands rejettent entre eux, que les païens ont détestées, et que la vérité éternelle condamne par tous ses oracles ; si ce n'est peut-être qu'on veuille dire que celui qui expose sa vie pour son troupeau, et qui par excellence est appelé le bon pasteur, au lieu d'être, comme il est véritablement la souveraine sagesse, n'est plus que l'ombre d'un grand nom, qu'une vaine chimère et un fantôme. Mais cependant quelles révoltes ne s'exciteraient point contre les grands, si n'étant vénérables aux peuples que parce qu'ils sont les images du Dieu vivant, ils venaient par leurs actions à faire croire qu'ils n'en reconnaissent point. Qu'ils nous montrent leur foi par leurs œuvres, ou qu'ils n'exigent plus de nous de révérence pour leur dignité : qu'ils cessent, pour leur propre intérêt, de tout abandonner à la force, laquelle est sans doute du côté du plus grand nombre : que les princes chrétiens ne renouvellent point les abominations de Rome païenne, et que les philosophes et leurs courtisans ne soient point comme les philosophes et les courtisans de Néron. *L'Écriture dit* (1) *qu'ils étaient abandonnés à eux-mêmes, et que leur péché étant devenu la punition de leur péché, déshonorant leur propre corps, et brûlant les uns pour les autres d'une façon exécrable, ce crime contre la nature était le châtiment des impies qui n'en reconnaissaient point l'auteur. Dieu les a laissés tomber dans un esprit de réprobation qui leur a fait violer toutes les lois de l'honnêteté et de la bienséance : ils sont devenus fornicateurs infâmes, avares, jaloux, ennuyeux, homicides, querelleurs, trompeurs, infidèles, malins, détracteurs, superbes, injurieux, artisans de nouveaux crimes, sans obéissance à leurs parens, sans amitié,*

---

(1) Rom. cap 1. *Tradidit illos Deus in desideria cordis eorum, in immunditiam masculi in masculos turpitudinem operantes, et mercedem quam oportuit erroris sui in semetipsis recipientes, et sicut non probaverunt Deum habere in notitia, tradidit illos Deus in reprobum sensum ut faciant ea quæ non conveniunt; repletos omni iniquitate malitia, fornicatione, avaritia, nequitia; plenos invidia, homicidio contentione, dolo, malignitate, inventores malorum, parentibus non obedientes, sine affectione, absque fœdere, sine misericordia.*

sans foi, sans miséricorde; en cela indignes d'excuse qu'ils ne manquaient pas de connaissance, soit par la lumière naturelle de la raison, soit par le remords de leur conscience, soit par l'exemple des solennelles vengeances que Dieu a faites de leurs semblables.

Ces reproches que saint Paul fait injustement aux courtisans et aux philosophes de Néron, me font souvenir de ce que Salomon disait de la cour des rois idolâtres (1). *Les hommes qui traitent les rois de Dieux, ont ignoré quel était Dieu même, ils n'ont pas erré seulement en ce qui est de la connaissance de leur Créateur, mais dans les disputes qu'excitait parmi eux leur ignorance, ils ont mis au rang des biens le plus grand de tous les maux, et appelé paix cette guerre : leurs veilles sont pleines d'impudicités et de folie, leurs mariages sont incestueux ou infâmes, et ce lien le plus sacré de la société humaine, est souillé par*

---

(1) Sap. 14. *Insaniæ plenas vigilias habentes, neque vitam, neque nuptias mundas jam custodiunt, sed alius alium per invidiam occidit aut adulterans contristat: et omnia commixta sunt, sanguis, homicidium, furtum et fictio, corruptio et infidelitas, turbatio et perjurium, Dei immemoratio, animarum inquinatio, nativitatis immutatio, nuptiarum inconstantia, male senserunt de Deo, et juraverunt injuste, in dolo contemnentes justitiam.*

leurs ordures; on ne les entend parler que d'assassinats et d'adultères; tous les crimes y sont confus, le sang, l'homicide, les concussions, l'hypocrisie, la paillardise, l'inceste, l'injustice, les suppositions de part, la dissolution des nôces, le désordre, l'impudicité; et quoique leur esprit incessamment agité de passions, ne puisse avoir que de fausses joies, et jamais de véritable tranquillité, ils prennent plaisir à ce trouble, et chérissent leur aveuglement. C'est une peinture fidèle des hommes du siècle durant la première idolâtrie : voilà comme on vivait à la cour des rois païens.

Je n'ai garde de penser que l'on vive de la sorte dans la cour d'un roi très-chrétien, lequel ne nous a été si miraculeusement donné du ciel, que pour nous apprendre qu'il sera pour ainsi dire doublement l'oint du Seigneur, et qu'il en fera observer les commandemens à son peuple après les avoir religieusement observés lui-même. Il saura que sa sûreté et sa richesse sont dans le cœur, et dans l'amour de ses sujets; il détestera l'oligarchie qui s'introduit chez les princes mal conseillés, lesquels souffrent dans leurs états des particuliers plus riches qu'eux. Il connaîtra par la sagesse infaillible qui illumine le cœur des rois, que la justice et la paix, lesquelles se sont entrebaisées pour le salut du genre humain, rendent florissans les grands empires dont les colonnes inébranlables sont la punition du vice et la récompense de la vertu; il témoignera que la miséricorde et la clémence ont toujours été les vertus des rois, et que (laissant la fourberie aux âmes basses et timides), la vérité est l'ornement de son diadême, et la piété l'éclat de son trône. *Misericordia et veritas custodiunt regem pietas fulcit solium,* c'est ce qu'a reconnu le plus sage de tous les princes; c'est ce qui fera craindre le nôtre des étrangers, c'est ce qui le fera aimer de ses sujets qui révèrent déjà, en son âme royale, les semences des hautes vertus, lesquelles ils conjurent le ciel de faire croître à la perfection désirée; car la France n'ignore pas que, si les rois ne sont heureux que par l'obéissance de leurs peuples, les peuples sont misérables sans la conduite de leurs rois. Sans cela, qu'est-ce que pourrait faire une multitude ignorante, dispersée de tous côtés, et abandonnée à elle-même, ainsi qu'un troupeau sans berger? C'est une horrible confusion et une prodigieuse misère de la brutalité d'une populace sans guide et sans conducteur. Quand ce grand corps a un bon chef, c'est une belle et divine chose; autrement, plus les nations sont nombreuses, et plutôt, pour ainsi parler, elles s'accablent de leur propre poids, et tombent dans la confusion et le désordre.

L'INTÉRÊT DES PROVINCES [1].

Celui qui a dit que les petites choses deviennent grandes par l'union, et que la concorde conserve les Etats, au lieu que la division les ruine et les détruit, n'a rien proféré que nous n'ayons vu de nos yeux, et ne puissions témoigner par les maux que nous ressentons tous les jours. Dion écrit en son histoire, que le roi Mithridate fut des plus accomplis pour gouverner un état, soit en paix, soit en guerre; mais qu'il fut en très-grand danger de se perdre, faute de considérer que, ni le nombre des armées, ni les fortes places ne servent de rien au souverain, s'il n'a l'amitié des peuples, et que même il est d'autant plus en danger de sa personne, qu'il est craint et redouté de ses sujets. Pour rendre un état assuré, le prince doit traiter les hommes comme hommes, et non

---

[1] *L'Intérest des Provinces.* A Paris, chez la veufve *Théod. Pepingva* et *Est. Mavroy*, rue de la Harpe, vis-à-vis la ruë des Mathurins. M. DC. XLIX. In-4°, titre et revers, 2 pages; texte, 10 pages.

pas comme des bêtes qu'on dompte au lieu d'apprivoiser.

Ce fut une belle parole que le meilleur de nos Rois, Louis douzième, surnommé le Père du Peuple, proféra quand on lui voulut persuader qu'il devait avoir des gardes à l'entour de sa personne royale. Qu'ai-je fait, dit-il, à mon peuple pour le craindre? A Dieu ne plaise que je ne veuille régner qu'en conservant le bien de mes sujets, et cela étant, qu'est-il nécessaire d'autres gardes. Mais quelle étrange catastrophe? ceux qui ont usurpé l'autorité royale sont parvenus à une telle insolence, de nous vouloir faire accroire qu'il n'y a nulle différence entre l'usurpation et la souveraineté légitime entre les tyrans et les rois, entre les sujets et les esclaves. On peut, disent-ils, favoriser l'injustice pour maintenir l'autorité du roi. Et si les magistrats se veulent opposer à l'oppression et à la violence des favoris, c'est un crime, c'est une rébellion qui ne se doit point pardonner. Certainement il y va de la conscience des magistrats et des peuples de remédier à de si grands désordres, et il n'y a aucunes lois qui puissent nous dispenser de faire la guerre à ceux qui les ont toutes violées.

Il y a déjà long-temps que la France soupire sous le joug d'une rude tyrannie. Plusieurs de ceux qui étaient obligés par honneur, par devoir et par intérêt de s'y opposer, en ont été eux-mêmes les complices.

Quelle honte pour toute la France, que beaucoup de ceux qui étaient commis à la distribution de la justice l'ont eux-mêmes violées, et qu'il s'en trouve peu qui n'aient été gagnés, ou, pour mieux dire, corrompus par quelques secrètes pensions ! On a vu, dans les provinces, et même dans la ville capitale du royaume, des magistrats devenir partisans, donner des jugemens et des avis, présider dans un barreau et dans un bureau, être chefs de la justice et du monopole. Mais le bonheur de la France a toujours conservé, parmi tant de corruption, bon nombre de gens de bien pour la délivrer de tous ses maux. Il y en a qui n'ont point fléchi les genoux devant Baal. Dieu nous a laissé la semence des justes, pour ne nous pas faire comme à Sodome et à Gomorrhe.

Je veux qu'il n'y ait point de cour souveraine dans tout le royaume qui n'ait été, ou séduite par des promesses, ou ébranlée par des menaces, même de ceux qui se sont voulus opposer trop ouvertement à la tyrannie; on a vu les uns achever la vie dans l'exil, et le poison a malheureusement avancé la mort des autres. Quoi plus? on a voulu faire mourir sur des échafauds ceux qu'on n'a pu corrompre sur leurs siéges ! Mais lorsqu'il semblait que tout fut perdu, tout a été gagné. On a vu reluire le secours du ciel, et tout un peuple, par un instinct divin, plutôt que par son propre mouvement, prendre les armes contre la violence, et faire peur à ceux qui s'étaient rendus effroyables par leur puissance.

Certainement nous pouvons dire comme Thémistocles : *Perieramus nisi periissemus :* Nous eussions péri, si nous eussions été perdus. Jamais la France n'eût été retirée de cette infâme servitude où elle a trempé depuis tant d'années, si on lui eût donné tant soit peu de relâche pour respirer. Jamais nous n'aurions eu la pensée de nous venger de tant de maux que nous avons soufferts, si on ne nous eût jetés dans le désespoir. Si ceux qui gouvernent l'État se fussent contentés de nous tondre sans nous écorcher, de nous sucer sans nous dévorer, nos plaintes n'auraient point passé le murmure; nous nous serions contentés de soupirer, sans faire entendre plus loin nos sanglots et nos gémissemens : mais il a fallu éclater quand nos maux sont venus à l'extrémité. Quelle imprudence à ceux qui ont allumé cette guerre civile, de mettre au hasard leur honneur, et jouer à perdre leur autorité pour satisfaire à leur colère !

Je veux qu'ils n'aient ni religion ni conscience; car, quels sentimens de piété peuvent compâtir avec la barbarie? Et qu'y a-t-il de plus barbare que de vouloir perdre par la faim tout un peuple? d'autoriser les meurtres, les violemens, les sacriléges, et, ce que les hommes les plus éloignés de la civilité n'oseraient faire, violer la foi promise? Mais où paraît le moindre trait de la politique qui défend à ceux qui ont le gouvernement d'un Etat de faire paraître aux yeux des sujets la faiblesse de ceux qui commandent, et la force de ceux qui obéissent? Et cependant voilà ce qu'ont fait les auteurs de nos désordres. Ils ont fait venir l'étranger pour être le témoin de nos misères et s'enrichir de nos dépouilles; ils ont opposé à une ville qui enferme dans ses murailles 540,000 combatans, une poignée de gens pour les faire mourir de faim. Quel aveuglement de croire pouvoir réussir en une telle entreprise ! Mais quelle obstination de la poursuivre, et quelle rage de s'y opiniâtrer ! Si c'était quelque petit nombre de factieux qui eussent pris les armes et causé tous ces remuemens, on dirait qu'il y va de l'autorité du roi de laisser un tel crime impuni; si c'était quelque ville, ou même quelque province, qui se fût soulevée, on pourrait en poursuivre la vengeance, sans hasarder le reste du royaume; mais voir que la capitale, ville de France qui vaut elle seule tout un royaume, a pris les armes contre un favori, contre un tyran, qui, après avoir transporté comme un butin tout le bien de la France, veut faire perdre la vie aux magistrats quand ils ont entrepris la défense des peuples; voir, dis-je, que les princes et les grands ont embrassé son parti, qu'ils en sont les chefs, et n'ont fait aucune difficulté de donner pour gage de leur fidélité tout ce qu'ils avaient de plus cher dans le monde; après cela, soutenir le parti d'un étranger, c'est ne se soucier que fort peu de son autorité et de son honneur.

Ignorez-vous, partisans du Mazarin, quels que

vous puissiez être, que tous les bons Français ne soient irrités contre son gouvernement? Croyez-vous que nous puissions souffrir plus long-temps ses cruautés, ses violences et sa tyrannie? Non, non, et si jusqu'ici vous l'avez cru, parce que vous l'avez voulu, et que vous avez été ses complices: *Qui amant sibi somnia fingunt:* Nous nous laissons persuader tout ce que nous souhaitons : désabusez-vous une bonne fois, et sachez que toute la France a résolu de perdre l'ennemi de son repos et tous ceux de son parti. Qu'attendez-vous? Qu'on vous donne la vie, après avoir mérité de la perdre par un infâme supplice, comme traîtres, voleurs, parricides et sacriléges. Non, la France vengera tous les affronts qu'elle a reçus de vous, et lavera, dans votre propre sang, les taches dont vous l'avez souillée, de son déshonneur. Vous avez fait un dégât de nos biens horrible et épouvantable, voire tel que les plus rigoureux ennemis eussent pu faire, et les peuples les plus criminels et abandonnés eussent pu souffrir. Abandonnant une place après l'avoir pillée, vous avez mis le feu dans les greniers, afin de nous laisser, au lieu de farine, des cendres pour nous faire du pain. Vous avez levé vos mains sacriléges sur nos prêtres; vous avez dépouillé nos autels, et, ce qui fait horreur à Dieu et aux hommes, vous avez pollué nos temples par vos abominables paillardises. Quoi! vous croyez que nous soyons si lâches de ne tirer raison de tous ces outrages?

Non, Dieu armerait plutôt les démons contre les Français, s'ils laissaient impunis tant et de si horribles crimes.

Aussi, l'intérêt de la conscience, joint à celui de la générosité et de l'honneur, oblige tous les bons Français de déclarer la guerre, et de la faire à outrance aux ennemis de Dieu et de l'État. Oui, ils sont obligés de joindre leurs armes et d'unir leurs forces pour exterminer ces monstres; et pour un si juste dessein, ils y doivent employer leur vie, leur honneur et leurs biens. Ce sont les deux motifs principaux qui les doivent porter à cette généreuse entreprise, savoir, l'intérêt de la conscience, qui les oblige à prendre la cause de Dieu, et ôter de dessus la terre les ennemis de son nom, les athées et les profanes; et celui de l'État ne les oblige pas moins à défendre l'autorité du roi contre un étranger qui la chasse de son trône, et qui met en confusion tout le royaume.

C'est sans doute pour ces raisons qu'on a vu tous les parlemens du royaume se déclarer pour celui de Paris, c'est-à-dire pour le roi, pour la France, pour le bien public et celui d'un chacun en particulier. Pour ces mêmes causes, on a vu et on voit encore les villes armées, les provinces soulevées, et les peuples accourir de toutes parts pour le secours de Paris.

A ces mots du secours de Paris, j'estime que tous les Français se sentiront touchés des maux que cette reine des villes, et maintenant la plus malheureuse du monde, souffre dans une infinité de peuple, que des bourreaux veulent faire mourir de faim. Hélas! combien de personnes innocentes souffrent! combien y en a-t-il qui ne mangent pas à demi leur saoul? combien sont-ils à la veille de mourir de faim? Dieu a pardonné à Ninive à raison des enfans et des simples gens, qui ne savent discerner entre la main droite et la main gauche, et a arrêté le cours de sa vengeance en considération même des bêtes. Quoi! il ne se trouvera personne qui prenne pitié de Paris, où il y a dix fois plus de peuple, d'innocens et d'animaux que dans Ninive.

Quelle est, je vous prie, la province de France, quelle est la ville, quelle est la personne qui ne soit intéressée à la conservation de Paris? c'est la clef de la voûte, le trône des rois, la mère des arts et des sciences, la nourrice des bons esprits, l'ornement du royaume, et l'épitôme de l'univers : tous les hommes, pour ainsi dire, auraient part à sa perte. Mais quel intérêt n'ont pas toutes les provinces de France à sa conservation? N'est-ce point en cette ville où toutes celles du royaume vont aboutir, comme les lignes de la circonférence dans le centre? c'est là où sont toutes leurs alliances, leurs commerces et leurs correspondances. Certes il n'y a personne en France qui ne se doive estimer bourgeois de Paris; celui-là n'est point Français, qui ne prenne part à sa prospérité et qui ne s'afflige de sa perte.

Il y a une telle liaison et une si grande correspondance entre toutes les parties du corps humain, qu'elles ont non-seulement du ressentiment les unes pour les autres, mais même étant affligées elles s'entre-donnent un mutuel secours; les plus nobles envoient quantité d'esprits aux moins nobles qui sont offensées, et celles-ci ne font difficulté de recevoir le coup qui était porté aux autres, comme nous voyons que la main est prête à parer le coup qui devait tomber sur la tête. Si le royaume de France est un corps politique, Paris en est le chef; toutes les villes et les provinces lui doivent porter du secours, si elles se veulent maintenir.

J'ai vu autrefois une seule province mettre une armée de vingt-cinq mille hommes sur pied en moins de quinze ou vingt jours, et la faire marcher contre l'ennemi pour délivrer un château qu'il pressait sur la frontière. Cette armée vint fondre sur les assiégeans, les défit, délivra les assiégés; et pour un si bon service la province fut chargée de tailles plus qu'elle n'avait été auparavant. Que veut dire, ô Français, que depuis deux mois ou plus que Paris est assiégé, personne n'est venu pour le secourir? Quoi! tant de villes, tant de provinces, qui courent la même fortune que nous, abandonneront-elles au pillage toutes les richesses de France ? Ignorez-vous que de la délivrance de Paris dépend la vôtre, et que de sa fortune dépend ou votre perte, ou votre salut et liberté ? Ce que les ennemis nous ont fait, montre ce qu'ils ont dessein de vous faire, et ne croyez pas que ceux-là pardonnent ou épargnent des personnes qu'ils ne connaissent point, lesquels, comme des Malabares, ruinent leurs propres familles. S'ils ont juré de perdre Paris, où je m'assure que tous ont ou parens ou amis, les uns leur père, les autres leur mère, qui a ses enfans et sa famille, que feront-ils d'un pays où ils n'ont rien à perdre, et où ils trouveront beaucoup à gagner ?

Prenez donc pitié de vous-mêmes, si vous n'avez point compassion d'autrui; tenez-vous prêts pour joindre vos armes avec les nôtres, et cela étant, vous êtes assurés que nous enverrons le Mazarin et les mazarinistes hors de France faire un voyage en son pays de Sicile, où l'on dit être l'entrée de l'enfer.

L'ÉTENDART

DE LA

LIBERTÉ PUBLIQUE [1].

C'est un grand avantage dans un royaume quand il s'y rencontre des personnes qui ne mettent leurs intentions qu'à le maintenir; et tout au contraire, c'est une affliction sans pareille quand les particuliers veulent tout avoir, et quand ils s'attribuent la puissance et l'autorité de prendre les commodités des autres, à quelque prix que ce soit. On a vu de tout temps de ces méchantes harpies qui n'ont pas même épargné les maisons des rois, les réduisant presque comme ce pauvre Phinée, qui ne pouvait trouver en sa table un seul morceau qui ne lui fut arraché, ou pour le moins qu'on ne tâchat de lui prendre. Mais enfin, le ciel ayant compassion de notre malheur, a suscité des Calaïs et des Zéthés qui les ont vivement repoussés, et qui leur abattant leurs visées, les ont empêché

---

(1) *L'Estendard de la Liberté pvblique.* M. DC. XLIX. In-4°; titre et revers, 2 pages; texte, 9 pages.

de voler plus long-temps sur nous. La nature de ces hommes se rend d'autant plus insupportable qu'elle ne veut de bien à personne, bien qu'ils ne cherchent qu'à ravir nos commodités ou à nous empêcher d'en avoir. La France depuis long-temps avait soupiré sous le puissant fardeau de la tyrannie de plusieurs partisans affamés qui se succédant les uns aux autres, trouvaient toujours sur nos plaies du sang nouveau pour s'en rassasier aisément, comme les mouches sur le renard de la fable, de sorte que nos douleurs étaient si cuisantes, que nous avions beau secouer, nous n'en pouvions néanmoins faire tomber un seul, tant ils étaient acharnés dessus notre peau, et tant le sang des Français leur semblait doux et savoureux, étant en cela pires que les sangsues à qui on ne les doit si bien comparer, qu'il n'y ait pourtant beaucoup de dissemblance et de disproportion; car bien que ces animaux s'attachent à nos veines pour en tirer le sang, si est-ce qu'après qu'ils en sont suffisamment remplis, ils lâchent aussitôt leur prise, et tombent, ou de leur propre vouloir, ou se crevant par trop d'aliment. Mais les partisans ne disent jamais c'est assez, et leur ventre a tant de capacité, et est de si grande étendue, qu'il ressemble à ces abîmes dont on ne peut jamais rencontrer le fond. Depuis trente années qu'ils ont toujours eu la liberté de prendre sur nous, ils n'avaient jamais eu la moindre intention de cesser, si la force les y avait contraints, encore ne se sont-ils pas épouvantés au premier abord, il a fallu beaucoup de peine pour les ranger au devoir, ou plutôt pour les terrasser de force et pour les faire désister des excès où ils étaient si accoutumés. Leurs pratiques avaient été si puissantes, que les plus grands s'étaient résolus de les maintenir, et sachant bien qu'il n'y avait point de meilleur chemin pour arriver à cette entreprise, que de nous rendre odieux aux princes, ils ont cherché toutes sortes d'occasions pour nous faire avoir quelque marque et quelque apparence de soulèvement, sachant qu'il n'y a point de raisons qui puissent exempter un peuple de blâme, quand il s'élève contre un souverain. Ils exécutent leur premier dessein pour nous faire tomber en ce point; quand on enleva M. de Broussel, dont l'innocence et l'intégrité paraissaient si grandes aux yeux de tout le peuple de Paris, que personne ne douta d'exposer sa vie pour le retirer du danger.

O! chère innocence, que tu as en toi de charmes, et que tes attraits sont doux et aimables, puisque tu as eu le pouvoir de vaincre en un seul moment une si grande troupe d'hommes, dont les affections différentes demandaient un sujet tout entier pour les faire résoudre à une si juste défense. Mais que ne doit-on pas donner de louange et de remercîment au ciel, qui par ses douces influences nous a fait sitôt avoir la fin de nos maux, que nous espérions incurables, si ce n'avait été la douceur d'une grande reine, qui, reconnaissant véritablement nos langueurs, a voulu les faire cesser au plutôt. Mais si nous lui avons des obligations sans pareilles, quelle haine ne devons-nous point porter à ceux qui, se servant de sa puissance et de son autorité, nous avaient préparé des maux, dont le moindre aspect faisait peur à ceux qui semblaient le plus résolus. Mais, ô pauvre peuple, combien ai-je vu pâlir de fois ton visage, non pour l'appréhension que tu eusses, ou pour la crainte de quelque danger apparent; mais à cause que tu désirais de ne pas tomber en ces actions que tu ne faisais que par la contrainte de tes ennemis; mais sais-tu bien à qui tu avais à faire, et si tu le sais une fois, t'étonneras-tu de leur procédé? Je sais qu'il est difficile de le bien savoir, mais s'il m'est permis d'en dire la vérité, je dirai que ç'ont été des artisans subtils, et bien entendus, que si je me trompe en cela, ce n'est pas assurément de beaucoup. Car ceux-là même qui t'avaient sucé jusqu'aux os, et qui comme des autres Argonautes s'étaient emparés de la toison d'or que tu portais dessus tes épaules, n'y trouvant plus à retondre, ont voulu s'émanciper jusqu'à ce point là, que d'attaquer le parlement pour le dépouiller de la plus grande part de ses biens, et les jeter au même état où ils t'avaient réduit. Mais quelle justice le ciel a-t-il fait paraître contre un dessein si pernicieux? Un abîme ordinairement en attire un second, et fort peu souvent un malheur arrive sans l'autre. Il y avait déjà fort long-temps que la renommée avait étendu ses ailes, et que se portant par les airs, elle faisait ouïr ses mille bouches, sans pourtant sonner la trompette, je veux dire, qu'elle murmurait sourdement dans les oreilles des peuples, faisant courir mille bruits, tant de faux que de véritables. Car comme Dieu ne punit jamais les pécheurs qu'il ne les avertisse intérieurement de leur mal, ou comme la mer n'est jamais sitôt excitée, qu'elle ne fasse voir auparavant qu'il doit venir un orage, de même les bruits d'une populace sont volontiers les avant-coureurs du désastre qui les doit bientôt affliger. Il y avait quelque temps que des personnes usant de l'autorité dont ils avaient toujours abusé, et qu'on leur permettait encore alors à notre dommage, avaient puni rigoureusement quelques habitans de Paris, et bien que ce fût contre toute sorte d'équité, on avait souffert néanmoins leur tyrannie sans en oser seulement parler. Ces âmes innocentes ont sans doute supplié le ciel de vouloir lui-même prendre la vengeance du tort qu'on avait fait à leur innocence, si bien que faisant soulever doucement le premier flot de l'orage, on commença de se formaliser de ces actions auxquelles, si l'on eût permis de venir plus loin, sans doute qu'elles eussent été capables de nous perdre. Mais il arriva tout autrement que ces méchans n'avaient prétendu, et cela néanmoins par leur propre faute : car courant comme des aveugles, ou plutôt comme des chevaux indomptables, ils se sont venus jetter eux-mêmes dans le labyrinthe, et se brûlant comme des moucherons de la nuit, ils se sont trouvés enveloppés dans la flamme et dans le malheur. Il n'y a point de chien si petit qui ne veuille mordre quand on lui montre les doigts, ou quand on lui touche la queue; il faudrait qu'un homme fût tout-à-fait insensible, si, se sentant frapper à coups de bâton, ou se voyant intéressé dans son honneur et dans sa fortune, il ne faisait paraître quelque mécontentement, et ne tâchait de se défendre, s'il était possible, ou que la raison lui permît. Car, à la vérité, il n'est pas toujours licite d'user de vengeance : par exemple, si notre prince, ou notre père nous voulaient frapper, il nous faudrait contenter de nous échapper doucement de leurs mains, si tant était que nous en puissions trouver le chemin, et ce serait un grand crime de leur vouloir apporter quelque violence, car leurs coups ne sauraient jamais être qu'honorables; mais de permettre que des personnes qui n'ont rien à nous commander, et à qui la nature ne laisse aucun droit sur nous, nous veuillent commander, c'est avoir bien peu de courage si nous l'endurons, et principalement quand leur procédé tourne au détriment du prince, et de tout l'état.

Et c'est contre toute apparence de bien, que

ceux qui se voient en grande faveur veulent tenir en sujétion les petits; car, s'ils ont un temps à régner, il en arrive un autre puis après auquel ils n'ont plus de force, et où ils se voient tellement abattus, que ceux qu'ils ont injustement offensés peuvent se ressentir et se venger d'eux. La fable de *l'Aigle et du Renard* nous le fait voir clairement; car, bien que celui-ci ne peut atteindre au nid de son ennemi, si ce n'est pourtant que l'occasion vînt tout à propos pour qu'il lui rendît la pareille par des moyens d'autant plus inespérés, que ce fut Jupiter même qui lui en fournit le pouvoir. Le ciel aussi n'a pas manqué de nous prêter sa faveur pour nous faire triompher de nos ennemis, les confondant par sa propre force et au contraire de notre espérance. Nous lui avons donc les obligations de notre victoire; et si nos ennemis se trouvent à bas et sans aucune puissance, ils doivent soulager leur fortune de ce qu'ils ont été surmontés par sa main, à laquelle on ne saurait résister, ce qu'il a véritablement exécuté par une seconde puissance, se servant même à cela des princes, dont la générosité plus que naturelle a bien fait paraître qu'ils étaient conduits à cette entreprise par une autorité souveraine:

..... *Manibus hominum periisse juvabit.*

FIN.

www.ingramcontent.com/pod-product-compliance
Lightning Source LLC
LaVergne TN
LVHW050617090426
835512LV00008B/1532